KB205808

우리가
마음껏
사랑하기까지
깨우지
말아다오

하늘이 나에게 준 사랑 Song of Songs

우리가
마음껏
사랑하기까지
깨우지
말아다오

정영구

히 누림과 이룸

여는 글

기독교에서 끊임없이 하나님의 사랑을 이야기하는데 과연 그 깊은 사랑을 아는 사람이 얼마나 될까요? 하나님 사랑의 경지까지 가려면 아직 멀었다는 생각이 듭니다.

〈우리가 마음껏 사랑하기까지 깨우지 말아 다오〉는 아가서를 저만의 새로운 관점으로 해석한 성경이야기로, 하나교회 지체들과 함께 공부했던 '아가서' 강의를 녹취해서 정리한 것입니다.

현대인은 모두 사랑에 목말라 합니다. 사랑 때문에 웃고, 사랑 때문에 울고, 사랑 때문에 목숨을 끊기도 합니다. 저는 이 책을 통해 사람 사랑으로는 채워지지 않는 갈급함을 안고 안타까운 삶을 살아가는 이들과 함께 '춤추시는 하나님'처럼 친근하고, 질투도 하고 밥상을 뒤엎을 정도로 화를 내기도 하며, 한없이 기다리기도 하시는 그런 하나님의 모습을 나누고 싶습니다. 하나님의 사랑은 먼저 하신 사랑이고 두려움 없는 완전하신 사랑이며 내어주는 사랑입니다. 이 사랑으로 독자들의 영원한 목마름이 해소되기를 바랍니다.

아가서에 나오는 솔로몬과 술람미 여인의 사랑 이야기는 하나님과 나의 사랑 이야기, 신랑이신 예수그리스도와 신부인 나의 사랑 이야기입니다. 모쪼록 지금 이 책을 읽으시는 분들이 이 사랑 이야기를 통해 하나님이 하나님 되시고 내가 나 되는 역사를 경험하고, 두 존재가 인격적인 사랑을 나누는 존재라는 것을 인식하고 경험하기를 바랍니다.

이 책을 내기까지 늘 곁에서 지지하고 응원해준 사랑하는 아내와 아이들, 하나교회 지체들에게 감사드립니다. 특별히 후원을 아끼지 않으신 김성현 집사님, 박선이 대표님께 진심으로 감사드립니다.

하나님과 하나가 되는
로드맵

홍수 가운데 먹을 물이 없다는 말이 있다. 수많은 신학 서적과 설교집이 넘치고 각종 미디어에 설교 영상이 넘치지만 정작 갈증 난 영혼을 해갈할 말씀이 없는 시대이다. 삶과는 유리된 글들은 뇌는 자극해도 영혼의 깊은 곳에는 이르지 못하고, 현란하고 달콤하게 입혀진 책들은 한 번 보고는 책장에 전시되는 시대이다. 책은 넘쳐나도 다시 볼 것이 없고 지식은 고상해도 깊이가 없다.

그런데 정영구 목사의 아가서는 책상에서 쓰인 글이 아니고 그리스도의 몸 된 지체들과 호흡을 나눈 이야기이다. 그래서 읽으면 읽을수록 우리 영혼을 만지시는 하나님의 사랑을 느끼게 한다. 술람미 여인과 솔로몬, 두 사람의 사랑의 이야기를 듣다 보면 그 가운데 하나님의 호흡이 느껴지고, 그 호흡이 예수 그리스도의 말씀으로 형상화되며, 복음이 사랑이었음을 알게 하고, 그 사랑이 우리 가운데 지금도 역사하고 있음을 깨닫게 한다. 그리고 술람미 여인과 솔로몬이 사랑을 완성해 가는 과정이 하나님과 우리가 하나 되는 로드맵인 것을 자연스럽게 알아채게 된다. 그래서 정영구 목사의 아가서는 사랑이 넘치는 시대에 진정한 사랑에 목말라하는 사람들이 꼭 읽어야 할 잠언이다.

문병하 목사(양주 덕정교회)

하나님과의 처음 사랑을
잃어버린 나

"우리가 마음껏 사랑하기까지 깨우지 말아 다오." 우연히 건강한 교회 목회자로 소개를 받아 건강한 교회 성장학 시간에 초청하여 감동으로 경험하였던 목회자의 글이기에 정말 꿀을 빨아 먹듯이 달콤한 맛으로 며칠간을 글 속에 쏙 빠져서 읽어냈다.

이 책은 무엇보다도 개인적으로는 편하지 않아서 피하기만 하던 아가서를 하나님과 나의 사랑 이야기로 읽게 해주었다. 처음 느꼈던 하나님의 진한 사랑의 감격을 잃어버리고 사는 나에게 내가 사랑했던 사람들과도 그런 모습으로 감격도, 뜨거운 가슴도 잃어버린 나를 보게 하였다. 이 책은 또 사랑해야 할 사람에 대한 나의 잘못을 보게 했고, 그러면 이제 어떻게 잘 사랑해야 하는가에 대해서도 답을 해주었다.

솔로몬과 술람미 여인의 사랑 노래를 해석하는 저자의 성경공부모임에서 "나를 사랑하는 것이 너를 사랑하는 것이고. 그것이 하나님을 사랑하는 길로 나아가는 것"임을 깨달아 "사랑하고 사랑을 요구할 줄 아는 사람들"로 변해 갔을 하나교회 교인들의 행복함이 이 글을 읽는 나에게까지 감격으로 전해 오는 듯하다.

박창현 교수(감리교신학대학교)

하나님의 깊고 진한
사랑 이야기

언젠가 성경은 하나님의 놀라운 사랑 이야기 Amazing love story 라고
생각한 적이 있다. 그 사랑이 직접적으로 묘사된 성경이 아가서
이다. 하지만 시적 표현들과 문화적 차이로 이해하기 어려운 내
용들이 많아 잘 읽히지 않았다.

이 강해서는 쉬운 예들과 탁월한 해석으로 아가서에 담긴 하나님
의 깊고 진한 사랑이 가슴에 와 닿게 해준다. 그 사랑을 알아갈수
록 우리 내면에 무엇과도 바꿀 수 없는 참된 기쁨과 세상을 이길
수 있는 힘이 생길 것이다.

많은 분들이 이 책을 통해 '서로 사랑하자'고 부르시는 그분의 음
성을 듣고 화답하게 되기를 소망한다.

박선이 대표(해와 나무 출판사)

사랑 사용 설명서

누군가를 사랑하기 시작할 때, 우리는 그 설레는 감정에 빠져 사랑이 쉽다고 여긴다. 사랑이 쉽지 않은 일이라는 사실을 알게 되는 순간은 서로의 상처가 깊어 더이상 관계를 유지할 수 없게 되었을 때이다.

아가서는 솔로몬이 술람미 여인에게 보낸 러브레터로 성경 중에 해석하기가 가장 애매한 책이라고 한다. 그런데 저자는 깊이 있는 통찰력과 남다른 지식으로 아가서가 전하고 싶은 메시지를 참 놀랍도록 명쾌하게 가르쳐 준다. 나는 이 책의 부제를 〈사랑 사용 설명서〉라고 하고 싶다. 이 책을 통해 사랑 그 자체와 사랑하는 법을 모두 배워야 한다는 것과 사랑은 본래 하나님께 속한 것이어서 사랑을 가르쳐 줄 최고의 스승은 하나님이라는 것을 다시 한 번 깨달았다. 사랑의 고수가 친절하게 가르쳐 주는 진정한 사랑법을 배워 보자. 이기적으로 변해가는 남편 때문에 힘들어하는 후배에게 제일 먼저 이 책을 선물해야겠다.

신희경 본부장(월드비전 후원동행)

신부인 교회가
신랑인 예수를 살자

솔로몬의 아가는 영적 체험의 깊이를 재는 신비주의 세계를 맛보지 않고서는 난해하기 그지없는 성경이다. 최근 한국교회 설교자들의 아가서 연구에는 시대가 교회의 영적 타락을 극복해야만 한다는 영적 각성이 담겨 있다. 나는 1984년 6월 7월 기독교사상에 시무언 이용도 목사의 전기를 연재한 적이 있는데, 그때 보니 예수교회의 2대 선도감인 이호빈 목사님이 이용도 목사의 부흥운동을 이어가면서 간도 지역에서 해오던 이용도 목사의 아가서 연구를 되살려서 남한 교회에 소개하고 있었다.

아가서의 해석에 기독교 신비신앙의 열정을 불어넣은 설교의 핵심은, 신부인 교회가 신랑인 예수를 살자는 체험적 신앙의 전파였다. 오늘날 살아 있는 교회들의 궁극적인 사명이 산 위의 마을이 되자는 것이지만 저 높은 곳을 향하여 나아가는 구도자들은 그리스도 신비주의를 직접 체험하지 않고서는 엄두도 낼 수 없다. 아가서는 인간으로서는 불가역적인 신비신앙의 재형성을 위해 한 번 체험하고 증거 해도 좋은 최고의 책이다. 이제 정영구 목사의 아가서 연구가 제시하는 창조적 세계의 실체는 이 책을 읽고 배우면서 나타날 것이다. 크게 박수치며 격하게 격려하는 바이다.

이상윤 목사(감리교미래정책연구원 원장)

차 례

사랑의 목적은 하나가 되어 친밀해지는 것입니다.

1막 사랑의 노래

첫사랑

1:2 내게 입맞추기를 원하니 네 사랑이 포도주보다 나
음이로구나

나에게 입맞춰 주세요, 숨 막힐 듯한 임의 입술로.
임의 사랑은 포도주보다 더 달콤합니다.

올해로 결혼한 지 25년이 다 되어 갑니다. 입맞춤은 고사하고
이제는 아내의 손을 잡아도 별 느낌이 없다는 사실 때문에 저
자신도 깜짝 놀라곤 합니다. 연애할 때는 분명 달랐습니다. 처
음으로 아내 손을 잡았을 때의 느낌, 그 가슴떨림은 정말 달콤
했습니다.

'아무래도 우리 너무 오래 같이 산 것 같아.'

뾰로통한 표정으로 아내가 얘기할 때면, 가슴이 철렁 내려앉습니다. 무뎌진 감정, 데면데면해진 반응을 하며 사는 제 모습을 보면 미안함이라도 느껴야 할 것 같습니다. 첫사랑을 기억하는 것은, 오랫동안 함께 살았던 부부에게는 관계를 다시 돌아보고 유지할 수 있게 해 주는 사랑의 능력이 됩니다.

———

구원의 의미는 그저 단순하게 '믿으면 천국 가는' 차원을 말하는 것이 아닙니다. 구원은 하나님을 만나서 함께 하나가 되는 과정을 말합니다. 구원은 아주 강렬하게 하나님의 사랑을 느끼며, 우리가 살고 있는 현재에서 삶의 의미와 존재의 본질을 찾아가는 과정입니다. 오랫동안 신앙생활을 한 사람들이 신앙의 힘을 잃어버리게 되는 이유가 있습니다. 그것은 규범과 제도에 물든 종교인이 되어 무의미하고 복잡한 교리 체계라는 신앙의 짐을 지고 살아가기 때문입니다.

하지만 하나님을 만나면, 세상이 줄 수 없는 내면의 기쁨이 있습니다. 하나님을 만나면 마음이 날아갈 듯한 느낌을 경험하게 됩니다. 그것은 첫사랑의 느낌과 같은데, 이 첫사랑을 기억나게 하는 말씀이 바로 아가서입니다. 너무나 좋아서, 너무나 기뻐서 "내게 입맞추기를 원하는" 마음이 담겨 있는 말씀입니다.

—

신앙은 이해를 해서 하나님을 알고 나서 시작하는 것이 아니고, 하나님을 알고 이해하는 과정입니다. 그런 의미에서 신앙은 사실 경험을 통해서 이해하게 됩니다. 내가 아무리 다른 사람에게 하나님을 이해시키려고 설명을 해도 그 이해는 경험을 넘어서지 못합니다. 그런데 하나님을 경험한 뒤에 그것이 무슨 의미인지를 이해시키면 그때는 정확하게 이해했다고 고백할 수 있습니다. 그래서 하나님과의 첫사랑의 경험, 첫사랑의 느낌이 중요합니다.

'아가雅歌'는 노래 중의 노래 Song of Songs 라는 뜻으로, 남자와 여자의 사랑 노래입니다. 많은 사람이 남녀 간의 은밀한 사랑 이야기가 성경에 들어가는 것이 적절하지 않다고 말하는데, 창세기부터 요한계시록까지 성경 전체가 사실은 사랑 이야기 Narrative 입니다.

이스라엘 백성들이 출애굽 사건을 다시 기억하고 새김질하는 유월절이란 절기를 지킬 때 '아가서'를 읽고 묵상하는 것은 당연했습니다. 그들은 자신들이 하나님을 잊어버리거나 도구화할 때마다 늘 출애굽의 사건을 기억하며, 하나님이 얼마나 큰 사랑을 보여주셨는지를 다시 기억했습니다. 그들은 하나님이 이스라엘 민족 가운데 오신 첫 번째 강렬한 사랑의 느낌, 사랑의 수고를 역사 속에서 다시 기억하기 위해 '아가서'를 읽었습니다. ᆄ

신랑과 신부

2:10 나의 사랑하는 자가 내게 말하여 이르기를 나의 사랑, 내 어여쁜 자야 일어나서 함께 가자

아, 사랑하는 이가 나에게 속삭이네. 나의 사랑 그대, 일어나오. 나의 어여쁜 그대, 어서 나오오.

에로스Eros는 성적인 사랑으로 쾌락을 추구하며 질투로 뭉친 사랑이고, 스토르게Storge는 부모와 자식 간 혈육의 사랑입니다. 필리아Philia는 친구 간의 우정이고, 아가페Agape는 신의 사랑을 말합니다. 우리는 이 모든 사랑을 '사랑'이라는 한 가지 말로 표현하지만 고대 사람들은 각각 다른 단어를 썼습니다.

C.S 루이스는 "사람은 에로스에 의해 태어나 스토르게로 인해

자라며 필리아에 의해 다듬어지고 아가페에 의해 완성된다."고 말했습니다. 기독교의 사랑을 신이 일방적으로 내려주는 긍휼이나 자비로만 생각하면 안 되는 이유는, 에로스의 사랑과 스토르게의 사랑, 필리아의 사랑을 모두 포함하는 지극히 인격적인 사랑이기 때문입니다.

기독교에서는 창조주인 하나님과 피조물인 인간이 서로 동등하게 약속을 하고 그 약속을 지키는 사랑의 관계를 맺고 있습니다. 이 관계는 남자와 여자의 사랑에 비유할 때 가장 이해하기가 쉽습니다.

인격적인 관계에서 가장 중요한 사랑의 원칙은 일대일의 관계인데, 창조주 하나님과 사람인 나도 바로 일대일의 동등한 관계입니다.

성경은 신명기 학파에서 편집했는데 우리나라 역사로 치면 삼국시대 이전 시기였습니다. 그 시대 사람들이 남자와 여자가 동등하다고 생각했다는 것은 정말 놀라운 사실입니다. 그래서 성경학자들은 '남자와 여자가' 라는 말씀에서 '와'라는 접속사가 가장 중요한 단어라고 말합니다.

아담이 이르되 이는 내 뼈 중의 뼈요 살 중의 살이
라 이것을 남자에게서 취하였은즉 여자라 부르리라
하니라 이러므로 남자가 부모를 떠나 그의 아내와
합하여 둘이 한 몸을 이룰지로다

창세기 2장에는 뜬금없이 '남자가 부모를 떠나 그의 아내와 합하여 둘이 한 몸을 이룰지로다'라는 말씀이 나오는데, 이 말씀에는 두 가지 의미가 있습니다. 하나는 사람이 하나님을 떠나서 독립하는 과정을 의미하고, 또 하나는 남자와 여자의 관계가 하나님과 사람의 관계를 예표한다는 상징적인 의미입니다.

아내는 저보다 네 살이 적지만 우리는 동등한 관계입니다. 다섯 살 차이가 나든 열 살 차이가 나든 부부는 서로 동등합니다. 지금이야 부부가 동등하다는 말이 새삼스럽지 않습니다. 하지만 그 오랜 옛날 예수님 탄생 이전에 하나님과 우리가 부부관계로, 일대일의 관계라고 한 것은 정말 대단한 인식이 아닐 수 없습니다.

—

아가서는 단순하게 남자와 여자의 아름다운 사랑 이야기가 아닙니다. 또 부부가 어떻게 사랑해야 하는지를 이야기하는 것도 아닙니다. 철저하게 하나님과 사람의 사랑이 무엇인지를 이야기하는 말씀입니다. 신과 사람의 친밀한 사랑을 부부라는 상징으로 보여주는 말씀입니다.

사랑의 목적은 하나가 되어 친밀해지는 것입니다. 우리가 하나님을 향해 나아가는 것도 내 인생의 반쪽을 찾아가는 것과 같습니다. 믿음은 찾은 상대와 온전히 하나가 되는 것입니다. 그래서 우리는 당연하게 하나님을 만나고 경험하고 사랑을 나눌 수밖에 없는 존재입니다.

나와 배우자는 서로 마주 보는 관계이기도 하지만 하나의 목적을 향해 함께 친밀함을 이루어가는 관계입니다. 친밀해진다는 것은 한몸을 이루는 것만을 의미하지는 않습니다. 그의 뜻과 소원과 목적이 나의 것과 하나가 되는 것을 의미합니다. 하나님이 원하시는 뜻과 소원과 목적에 내가 동의하고 하나를 이루어 가는 것입니다. 🎵

두려움 없는 사랑

1:13~14 나의 사랑하는 자는 내 품 가운데 몰약 향주머니요
나의 사랑하는 자는 내게 엔게디 포도원의 고벨화
송이로구나
사랑하는 그이는 나에게 젖가슴 사이에 품은 향주
머니라오. 사랑하는 그이는 나에게 엔게디 포도원
의 고벨 꽃송이라오.

요즘은 누가 좋다고 무턱대고 쫓아다니다가 스토커로 몰리는
경우도 종종 있지만, 예전에는 좋아하는 사람을 쫓아다니는 것
이 낭만이었습니다. 남녀간의 사랑도 남자 쪽에서 먼저 적극적
으로 다가가면 여자는 수줍은 듯 뜸을 들이다가 마지막에 못 이

기듯이 '네' 하고 받아들이는 식이었습니다. 성경에 나오는 모든 약속을 보아도 하나님이 먼저 제안하셨고 인간은 그 제안에 소극적으로 '네'라고 합의하는 것과 같습니다.

하나님의 사랑은 세상의 사랑과는 다른 특징이 있습니다. 그 사랑은 먼저 하신 사랑이고 두려움 없는 사랑이며 내어주는 사랑입니다. 하나님이 먼저 사랑하셨다는 것은 인격의 질에 상관없이 사랑했다는 의미입니다. 사랑할 만한 어떤 면이 있어서 사랑한 것이 아니라 성경에서 말씀하셨던 것처럼 우리가 연약할 때, 우리가 죄인 되었을 때, 우리가 원수일 때 그 사랑을 확증하셨습니다. 묻지도 따지지도 않는 그 사랑을 먼저 받아 본 사람만이 또 누군가를 사랑할 수 있습니다.

요일 4:19 우리가 사랑함은 그가 먼저 우리를 사랑하셨음이라

사람이 먼저 하나님을 사랑했다고 할 수 없습니다. 하나님의 사랑에 합의하고 동의할 때는 '주님이 나를 사랑하셨군요.' 하는 것이 맞지 '내가 하나님을 사랑해요.'라고 할 수 없습니다.

－－

사랑은 받는 것부터 시작해야 합니다. 그런데 사람들은 받으면 돌려줘야 한다고 생각하니까 '받는 사랑'을 잘 하지 못합니다. 이 세상에 공짜가 없다고 생각하기 때문에 받지도 않고 주지도 않으려고 합니다.

하나님의 완전한 사랑과 견주어 보면 기브 앤 테이크give & take 의 사랑은 악하다고 할 수 있습니다. 사랑은 계산하지 않아야 하는데 준 사람도 기억하고 받은 사람도 기억해서 서로 부담스러워합니다. 어르신들은 옆집에서 떡을 갖다 주면 절대로 빈 접시로 보내면 안 된다고 말씀하시는데 이런 '체면을 차리는 사랑'은 좋은 사랑이 아닙니다. 주고받는 것이 맞는다고 생각하는데 사랑은 그런 것이 아닙니다.

제일 좋은 사랑의 태도는 누군가 뭘 주면 '감사합니다. 뭘 이런 걸 다.' 하고 받는 것입니다. 사랑받는 데 익숙해져야 합니다. 사랑을 받았기 때문에 늘 뭔가 해야 한다고 생각하는 사람은 뻔뻔할 수도 당당할 수도 없고, 받는 것도 부담스러워합니다.

사랑은 받아 본 사람만이 거저 줄 수 있습니다. 이 세상에서 공짜로 받는 것은 다 가장 중요한 것들입니다. 공기를 마실 때마다 돈을 내야 한다면 우리는 얼마 못 살고 다 죽을지도 모릅니다. 그런데 하나님이 공짜로 주셨습니다. 물도 공기도 다 공짜로 주셨습니다. 이렇게 다 공짜로 받았으면서도 사람들은 받았으면 꼭 갚아야 한다고 생각합니다. 하나님의 은혜는 갚는 것이 아닙니다. 다시 흘려보내는 것입니다.

———

요일 4:18 사랑 안에 두려움이 없고 온전한 사랑이 두려움을
내쫓나니

하나님이 먼저 하신 그 사랑은 두려움이 없는 사랑입니다. 사랑한다면서 무엇인가 끊임없이 요구하는 사람들이 있는데, 그런 무언의 행동은 상대에게 두려움을 심어주고 언젠가는 관계가 끝날 수 있다는 것을 암시합니다.

하지만 두려움 없이 사랑하는 사람은 먼저 상대를 신뢰합니다. 누구나 한 번쯤은 믿었다가 배신당한 경험이 있을 것입니다. 그래서 처음부터 신뢰하면 안 된다고 생각합니다. 그러나 상대가 어느 수준이 되어야 신뢰하겠다는 것은 신뢰가 아닙니다.

신뢰는 먼저 하는 것이고, 배신과 배반을 각오해야 제대로 할 수 있습니다.

배신과 배반은 언제라도 당할 수 있습니다. 또 배신과 배반을 당하더라도 다시 믿어 줄 필요가 있습니다. 내가 두려움이 없는 사랑을 받아 보았기 때문입니다. 사랑은 '받는 사랑'과 '먼저 신뢰하는 것'에서 시작됩니다. 하나님은 우리가 배신하고 배반할 것을 아시면서도 우리를 사랑해 주셨습니다. ✟

친밀함

2:16 내 사랑하는 자는 내게 속하였고 나는 그에게 속하
였도다 그가 백합화 가운데에서 양 떼를 먹이는구나
임은 나의 것, 나는 임의 것, 임은 나리꽃밭에서
양을 치네.

우리의 생명을 경제가치로 말하면 '예수님짜리'입니다. 예수님
의 생명으로 우리 생명의 값을 치렀기 때문입니다. 은혜란 받
는 사람에게는 공짜지만 베푸는 사람에게는 절대로 공짜가 아
닙니다. 베푸는 사람의 처지에서는 값비싼 대가를 치르고 베
풀어주신 은혜라는 것을 알아야 비로소 그 은혜가 이해가 됩니
다. 내가 얼마짜리인지 알고 있어야 하는데 가끔은 나조차 그

사실을 잊어버리곤 합니다.

자식이 없었던 아브라함은 엘리에셀을 상속자로 삼았습니다. 그런데 나중에 이삭이 태어났습니다. 종이 자녀보다 친밀할 수는 없습니다. 하나님이 나를 자녀 삼으셨고 나는 하나님을 아버지라고 부릅니다. 종이 주인의 뜻대로 일하는 사람이라면 자녀는 생명 관계로, 존재로 있는 사람입니다. 수준이 다릅니다. 자녀들도 친밀함의 수준이 저마다 다릅니다. 자녀는 기본적으로 부모에게 자신의 필요를 채워달라고 요구하는 존재입니다. 자녀는 매일 어린아이처럼 요구만 합니다. 요한복음에 나오는 큰아들은 자신이 일한 만큼 달라고 요구하거나 자신이 첫째니까 더 주셔야 한다고 요구합니다. 그런데 작은아들은 허랑방탕하게 놀면서도 자신의 몫을 달라고 합니다. 유산까지 미리 챙겨 달라는 철없는 자식입니다. 둘째보다는 그래도 첫째가 좀 나은데, 아버지에게는 둘 다 똑같이 아비 마음을 몰라주는 자식일 뿐입니다. 어떤 공동체에 이 집 아들들 같은 자녀들만 있다면 그 공동체는 허구한 날 시끄럽고 콩가루 같을 것입니다.

부모와 자식의 관계를 넘어서 이제는 아버지의 뜻을 궁금해하는 후사, 장자가 됩니다. 후사는 유업을 이어받을 자라고 얘기하는데, 신앙의 장자권을 의미합니다. 모든 그리스도인은 하나님의 장자입니다. 유업을 이어받을 자라는 말은 아버지의 뜻과 소원과 목적을 잘 알아서 아버지의 것을 이어받는 사람이라는 뜻입니다. 나는 하나님 아버지의 유업을 이어받은 사람입니다.

> 마 28:18~19 예수께서 나아와 말씀하여 이르시되 하늘과 땅의 모든 권세를 내게 주셨으니 그러므로 너희는 가서 모든 민족을 제자로 삼아

마태복음 16장에 보면 그리스도인은 하늘의 열쇠를 받은 사람인데, 내가 땅에서 매면 하늘에서도 매일 것이고 땅에서 풀면 하늘에서도 풀릴 것이라고 말씀하셨습니다. 후사는 생명의 열쇠, 하늘의 열쇠를 가지고 있는 사람입니다.

―

아버지와 아들보다 더 높은 차원의 친밀한 관계가 친구입니다. 친구는 피가 같지 않아도 피를 나눈 형제 그 이상의 의미가 있습니다. 성경은 하나님이 우리를 친구 삼으셨다고 말씀하시는데, 후사보다 더 친밀한 관계입니다.

친구도 이익 관계의 친구와 목적 관계의 친구는 차원이 다릅니다. 이익 관계는 '동업자'이고, 목적 관계는 '동역자'입니다. 하나님한테도 6대 4, 3대 7로 나누자고 하는 관계가 동업자이고, 나누는 것에는 관심이 없고 이루는 것에만 관심이 있으면 동역자입니다.

하지만 최고로 친밀한 관계는 부부입니다. 부부는 피를 나누지 않은 남이지만 하나가 되는 관계이며, 하나님과 나는 부부처럼 진정한 하나 됨을 이룰 수 있는 관계입니다.

솔로몬과 술람미 여인 사이에도 갈등이 있었고, 가끔은 다투고 나서 집을 나가기도 했지만 이것은 오히려 일대일의 동등한 관계임을 보여줍니다. 아가서는 친밀감의 최고 단계를 보여주는 성경입니다. 하나님은 나와 이런 사랑 하기를 원하십니다. 하

강 건너기

하나님은 나와 솔로몬과 술람미 여인이 나누는 그런 온전한 사랑을 하기 원하십니다.

하나님과의 관계를 누림은 내 삶의 영역별로 다르게 나타납니다. 우리 삶에도 정치, 경제, 교육, 언론, 가정, 종교, 과학, 예술 등의 영역이 있습니다. 내가 내 인생의 어떤 영역에서는 솔로몬과 술람미 여인의 부부관계 같은 친밀감이 있지만, 먹고사는 문제에서는 여전히 주인과 종의 관계에 머물러 있을 수도 있습니다. 가령 내 마음에 집이 있다면, 그 집에는 거실, 안방, 부엌, 화장실도 있을 겁니다. 그런데 하나님이 내 마음의 집에 들어오셔서 내 마음의 안방에도 화장실에도 거실에도 부엌에도 들어오기를 원하시는데 나는 거실만 공개하려고 합니다.

'내가 네 안에 들어가도 되겠니?'

하나님이 거실에 들어오셨습니다. 거실을 공개했다는 것은 내 인생의 주인이 하나님이라고 인정했다는 의미입니다. 그런데 하나님은 내 마음의 침실에도 들어오고 싶어 하십니다. 침실은 은밀한 장소이고 내가 쉬는 공간입니다.

'주님, 침실은 아직 청소를 안 해 났거든요. 그러니까 그냥 거실에 계세요, 제발.'

멋쩍어지신 주님이 거실에서 계속 기다리고 계십니다.

'주님, 이 세상이 얼마나 살벌한지 알기나 하세요. 그러니까 주님은 가만 계세요. 이 문제는 제가 알아서 하겠습니다.'

부엌은 먹고사는 문제를 상징하고 화장실은 숨기고 싶은 상처나 보여주고 싶지 않은 문제들을 상징하는데, 하나님은 내 마음의 부엌과 화장실에까지 들어오고 싶어 하십니다.

요한계시록에 나오는 '문을 두드리고 계신다'는 말은 안 믿는 사람들에게 하는 말씀이 아니라, 이미 믿고 있는 사람들에게 하시는 말씀입니다.

—

성화란 내 삶의 모든 영역에서 하나님이 주인이라고 고백하는 것입니다. 내 마음의 모든 영역이 술람미 여인같이 하나 됨을 이루고 있다면 나는 '내 평생에 선하심과 인자하심이 정녕 나를 따르리니 내가 여호와의 집에 영원히 살리로다시편 23:6'라고 고백하며 살게 됩니다.

그런데 관계를 한 단계, 한 단계 넘어갈 때마다 깊은 강을 만납니다. 거지 나사로와 부자 이야기를 보면, 천국에서 거지 나사로는 아브라함의 품에 있고 부자는 아브라함을 멀리서 바라보고만 있습니다. 그의 앞에 건널 수 없는 강이 흐르고 있기 때문입니다. 건널 수 없는 이 강이 홍해이고 요단강이고 유리바다입니다. 홍해를 건너든 요단강을 건너든 유리바다를 건너든, 하나님께 가까이 가기 위해서는 깊은 강을 건너야 합니다.

하지만 각각의 강을 건너는 방법은 다릅니다. 홍해를 건널 때는 하나님이 하시는 일을 보기만 하면 됩니다. 바다를 건널 때는 양쪽에 있는 물 벽이 언제 덮칠지 모르지만, 죽음을 각오하고 그 길을 걸어가면 됩니다. 하나님을 바라보며 죽음의 자리를 건너는 것입니다.

그런데 요단강은 그냥 바라보기만 해서는 갈라지지 않습니다. 나 스스로 첫발을 디뎌야만 흐르는 강물이 멈춥니다. 보는 훈련과 밟는 훈련이 강을 건너는 과정입니다.

유리바다는 또 완전히 다릅니다. 세상을 이기고 세상에서 벗어난 자들이 불이 섞인 그 유리바다 위를 걸어갑니다. 창세기 1장 말씀처럼 하나님이 수면 위를 운행하시는 모습과 같습니다. 운행하신다는 것은 암탉이 알을 품고 있는 모양을 뜻합니다. 갈라지는 것, 멈추는 것 이상의 의미가 '품는' 것입니다. 유리바다는 선과 악을 품고, 좋고 나쁨을 품고, 저주와 축복을 품은 생명의 바다입니다.

강을 건너는 것은 마음을 훈련해서 기적을 경험하는 것입니다. 마음의 훈련에도 순서가 있습니다. 자원하는 것에서 책임지는 단계로, 그리고 헌신하는 단계까지 자라나는 것이 신앙입니다. 하지만 박제화된 종교는 매일 희생과 의무만 이야기합니다. 자원함이 없습니다. 순서가 바뀌면 안 됩니다. 반드시 자원함에서 책임감과 헌신함의 순서로 가야 합니다. 이 순서대로 자라나는 과정이 강 건너기와 같습니다. 희생할 것이 도저히 없다고 생각했지만 희생했더니 또 다른 세계가 열리는 것을 경험합니다. 죽음의 강을 건널 때마다 자라나는 역사가 있습니다. 그러므로 우리에게는 벼랑 끝에 설 수 있는 용기가 필요합니다. ᆤᆢ

남자와 여자가 한 몸을 이루는 것이 사랑의 본질입니다.
우리가 하나님을 만나서 하나가 되는 것처럼….

2막 너와 나의 아리아

검은 여인

여자들 중에 내 사랑은 가시나무 가운데 백합화 같
도다 남자들 중에 나의 사랑하는 자는 수풀 가운데
사과나무 같구나 내가 그 그늘에 앉아서 심히 기뻐
하였고 그 열매는 내 입에 달았도다

가시덤불 속에 핀 나리꽃, 아가씨들 가운데서도 나의
사랑 그대가 바로 그렇소. 숲 속 잡목 사이에 사과나
무 한 그루, 남자들 가운데서도 나의 사랑 임이 바로
그렇다오. 그 그늘 아래 앉아서, 달콤한 그 열매를
맛보았어요.

솔로몬과 술람미 여인 두 사람이 오페라의 아리아를 부르듯 번

갈아 노래를 부르고, 들러리들이 그들을 바라보며 번갈아 노래합니다. 아가서는 잘 짜인 이야기가 아니고 드라마 안에 회상하는 장면이 있는 것처럼, 연극 안에 또 하나의 연극이 있는 것처럼, 액자소설처럼 구성되어 있습니다. 그러다 보니 뜬금없는 이야기도 튀어나오고 현재 상황에 다른 현재가 겹쳐져 보이는 곳도 있습니다.

> 1:5 예루살렘 딸들아 내가 비록 검으나 아름다우니 게달의 장막 같을지라도 솔로몬의 휘장과도 같구나
>
> 예루살렘 아가씨들아, 내가 비록 검다마는 게달의 장막처럼 솔로몬의 휘장처럼 귀엽다고도 하더라
>
> New American Standard Bible I am black but lovely, O daughters of Jerusalem, Like the tents of Kedar, Like the curtains of Solomon

—

게달은 이스마엘의 둘째 아들 이름입니다. 유목민 가운데 가장 강한 베두인Bedouin들의 장막이 게달의 장막입니다. 이 장막은 염소의 털 가운데 검은 털로 만든 장막입니다. 검은 털로 만

들었기 때문에 어둡다고 합니다. 게달의 장막이 유명한 이유는
튼튼하고 단단하기 때문입니다.

솔로몬은 성전을 건축한 사람입니다. 휘장은 지성소와 성소를
가로막는 커튼인데 소가죽으로 만들어 엄청 질깁니다. 그래서
예수님이 십자가 위에서 돌아가실 때 휘장이 찢어졌다는 것은
상상도 못 할 일입니다. 검은 게달의 장막이 견고하고 단단해
서 세상과 분리해 하나님을 만날 수 있는 공간을 만들어주는 거
룩한 역할을 한 것처럼, 술람미 여인의 외모는 비록 검었지만
내면은 견고하고 단단하며 거룩함을 유지하고 있었다는 의미
입니다.

> 1:6 내가 햇볕에 쬐어서 거무스름할지라도 흘겨보지 말 것
> 은 내 어머니의 아들들이 나에게 노하여 포도원지기로
> 삼았음이라 나의 포도원을 내가 지키지 못하였구나
> 내가 검다고, 내가 햇볕에 그을렸다고, 나를 깔보지
> 말아라. 오빠들 성화에 못 이겨서, 나의 포도원은
> 버려둔 채, 오빠들의 포도원들을 돌보느라고 이렇
> 게 된 것이다.

—

보통은 술람미 여인을 구스 여인이라고 얘기합니다. 성경에는
모세가 구스 여인과 사랑해서 결혼하겠다고 했을 때 모세의 형
아론과 누나 미리암이 모세를 비난하는 장면이 나오는데 구스
여인은 피부색이 검어서 차별을 당하는 여인이었습니다. 술람
미 여인이 게달의 장막처럼 검다는 이야기는 실제로 얼굴이 검
다는 의미일 수도 있고, 오빠들이 일을 많이 시켜서 햇볕에 그
을려 검고 초라하다는 의미로도 해석할 수 있습니다. 외모는
검게 그을리고 상했지만 내면은 사랑하는 사람과의 아주 밀접
한 사랑 덕분에 견고하고 거룩하다는 말입니다.

존재가 검다는 것은 죄인의 상징이며 검다는 것은 지금 죄를
짓고 있다는 의미입니다. 사람마다 아킬레스건처럼 짓게 되
는 죄가 하나씩 있는데 사단은 늘 그 하나의 죄를 묻습니다.
그러나 내가 비록 원죄를 지닌 존재이고 현재도 죄를 짓고 있
지만 그럼에도 불구하고 술람미 여인처럼 아름다운 존재라는
뜻입니다. 왜냐하면 나를 끔찍하게 사랑하는 왕이 있기 때문
입니다.

옛날에 〈뿌리〉라는 미국 드라마가 있었습니다. 주인공의 할아버지 할머니가 모두 노예였습니다. 그는 직업이 기자였는데 자기 뿌리를 찾아봤더니 아프리카 추장의 아들이고 부족국가의 왕자였다는 것을 알게 되었습니다. 그는 자신이 왕의 후손임을 알게 된 뒤부터는 음식을 먹어도 왕자처럼 먹었고 모든 행동을 왕자처럼 했습니다.

누가 뭐라고 해도 술람미 여인은 왕이 사랑하는 여인입니다. 왕의 여인은 곧 왕과 같은 존재입니다. 그런데 그 여인에게 오빠들이 일을 시킵니다. 콩쥐처럼 신데렐라처럼 시키는 일을 어쩔 수 없이 하기는 해도 술람미 여인의 자존감만큼은 무너지지 않습니다.

—

1:7 내 마음으로 사랑하는 자야 네가 양 치는 곳과 정오에 쉬게 하는 곳을 내게 말하라 내가 네 친구의 양 떼 곁에서 어찌 얼굴을 가린 자 같이 되랴

사랑하는 그대여, 나에게 말하여 주세요. 임은 어디에서 양 떼를 치고 있습니까? 대낮에는 어디에서 양 떼를 쉬게 합니까? 양 떼를 치는 임의 동무들을 따

라다니며, 임이 있는 곳을 물으며 헤매란 말입니까?

그 당시 유목문화권에서는 얼굴을 가리는 여자는 창녀였습니다. 자신이 창녀와 같이 수치스러운 삶 가운데 있을지라도 다시는 자기 몸을 죄짓는 곳에 들여놓지 않고 정조와 신념을 지키겠다고 말합니다.

솔로몬과 술람미 여인은 포도원에서 한 몸을 이루며 포도원의 열매를 먹고삽니다. 너와 내가 함께하는 목적은 포도원을 가꾸는 것입니다. 포도원은 하나님 나라를 상징하는데 하나님은 우리와 한 몸이 되는 생명 관계를 하며 우리가 하나님 나라의 일을 함께 감당하기를 원하십니다. ✤

신데렐라

요즘은 같이 집에 있으면서도 서로 문자나 카카오톡으로 대화하고 직접 대화하지 않는 부부들이 꽤 있다고 합니다. 예배를 행복하게 잘 드리고 나서 하나님과 아무런 관계도 하지 않는 사람들이 바로 그런 부부의 모습과 같습니다.

하나님과 내가 공식적으로 관계해야 할 영역이 있고 동시에 누구도 알 수 없는 하나님과 나만의 아주 개인적이고 친밀한 영역이 있습니다. 사적인 영역에서 관계가 무너지면 내면이 힘을 잃게 됩니다. 아무에게도 말하지 않는 하나님과 나만의 비밀스러운 사랑, 이 사랑이 없으면 마지못해서 억지로 하는 관계가 되고 말 그대로 종교 생활만 하게 됩니다.

1:4 왕이 나를 그의 방으로 이끌어 들이시니 너는 나를
    인도하라 우리가 너를 따라 달려가리라 우리가 너로
    말미암아 기뻐하며 즐거워하니 네 사랑이 포도주보
    다 더 진함이라 처녀들이 너를 사랑함이 마땅하니라
    나를 데려가 주세요, 어서요. 임금님, 나를 데려가
    세요, 임의 침실로. 우리는 임과 더불어 기뻐하고
    즐거워하며, 포도주보다 더 진한 임의 사랑을 기리
    렵니다. 아가씨라면, 누구나 임을 사랑하고 싶을 것
    입니다.

솔로몬과 술람미 여인의 사랑은 대놓고 하는 사랑이 아니라 침
실에서 몰래 둘이서만 경험하는 지극히 개인적인 사랑입니다.
나만의 사랑 이야기가 있으면 아무리 힘겨운 일도 견딜 수 있습
니다. 춘향이가 버틸 수 있었던 힘은 이몽룡이 다시 찾아올 것
이라는 기대와 믿음에서 나왔습니다.

———

신데렐라가 지닌 내면의 힘은 호박으로 마차를 만들 수 있고 온
갖 것들이 자신을 도와줄 것이라고 믿었던 상상력이었습니다.

그 상상력이 신데렐라를 재투성이로 살지 않고 일어나서 무도회에 가서 실컷 놀 수 있게 했습니다. 신데렐라는 원래 귀족이었는데 상황이 나빠져서 하녀로 살게 된 여인이었습니다. 신데렐라가 자신의 본성이 귀족이라는 것을 잊어버렸다면, 왕자를 만났어도 분명히 함께 살 수 없었을 것입니다. 하지만 신데렐라에게 왕자는 자신이 잘살 때 많이 봤던 부류의 사람이었기 때문에 부담스럽지 않았습니다.

문제는 그리스도인들이 불행한 상황에 빠지면 자신의 신분이 원래 귀족이라는 것을 너무나 쉽게 잊어버리는 것입니다. 지금의 하녀 모습이 자신이라고 절망하고, 새엄마가 죽어야지만 자신의 인생이 풀릴 것이라고 착각합니다. 희망이 없는 인생이라고 스스로 포기해 버립니다. 하지만 그것은 진실이 아닙니다. 나의 상황이 다 내 것이 아니기 때문입니다.

나는 하나님의 형상을 받은 사람입니다. 흙에 생기를 불어넣어 만드신 존재가 나입니다. 하나님이 나와 하나가 되겠다고 결정하신 존재입니다. 그런데 상황이 어렵다고 미래가 없다고, 현실이 너무나 슬프다고, 자신의 참모습을 포기해서는 안 됩니다. 왕자도 무시하고 살아야 합니다. 왕자가 신발을 가지고 와서 제발 결혼해 달라고 할 때까지 기다려야 합니다. 결혼해서 살게 되면 왕자나 거지나 별 차이가 없습니다. 두 사람이 얼마나 친밀하게 관계하며 살아가느냐가 제일 중요합니다.

신데렐라에게는 자신의 내면이 하나님의 형상으로 지어졌다는 것을 알게 해 주는 왕자가 필요합니다. 음과 양이 하나가 되고 어둠과 빛이 하나가 되듯이, 또 주님의 사람들이 하나님을 만나서 하나가 되는 것처럼, 남자와 여자가 한 몸을 이루는 것이 본질입니다. 나를 채워주고 나와 함께해 줄 수 있는 사람을 만나는 것은 당연합니다.

—

하나님은 우리에게 성경을 매뉴얼로 주셨습니다. 가상의 세계가 아닌 진짜 세계의 매뉴얼입니다. 성경을 읽어 보면 뜬구름 잡는 이야기처럼 들리기도 하는데 사실 성경이야말로 가장 현실적인 이야기입니다.

세상은 악하고 더럽습니다. 물질 자체가 악하고 더럽다는 것이 아니라 세상을 움직이는 시스템이 악하다는 말입니다. 돈은 가치중립인데, 그 돈을 움직이는 사람이 악하고 세계를 움직이는 사람이 악합니다. 그래서 세상을 바꾸려면 사람을 바꿔야 하고 나를 바꾸려면 내 내면의 생각을 바꿔야 합니다.

내 현실의 생각을 바꾸지 않는 한 매일 자신의 외모가 검다고 슬퍼하며 살게 됩니다. 거울을 보고 아무리 크림을 바르고 화장을 해도 세수하고 나면 화장은 다 지워집니다. 그러면 그 모습을 보며 슬퍼할 수밖에 없습니다. 화장기 없는 40대의 민낯을 보고도 완숙미를 느끼며 기뻐하고 즐거워해야 합니다. ┝•

자유의지

1:6 내가 햇볕에 쬐어서 거무스름할지라도 흘겨보지 말
것은 내 어머니의 아들들이 나에게 노하여 포도원
지기로 삼았음이라 나의 포도원을 내가 지키지 못
하였구나

내가 검다고, 내가 햇볕에 그을렸다고, 나를 깔보지
말아라. 오빠들 성화에 못 이겨서, 나의 포도원은 버
려 둔 채, 오빠들의 포도원들을 돌보느라고 이렇게
된 것이다.

술람미 여인이 지금, 임을 기다리고 있습니다. 이유는 정확히
모르겠지만 첫사랑이 떠났습니다. 거무스름한 얼굴 때문인지

도 모릅니다. 하지만 이 여인은 '흘겨보지 말라'며 자존감을 잃지 않습니다. 아가서에서는 이 본문 이후에 다시 신랑이 돌아와서 결혼식을 하고 또 떠났다가 다시 돌아와서 한 몸을 이루는 과정이 있는데, 한 몸이 됐다가 분리됐다가 진정한 예식을 통해 다시 한 몸이 되고 다시 분리되는 과정이 반복됩니다.

남자와 여자가 분리됐다가 하나가 되는 과정, 하나님과 내가 하나가 되는 이 과정이 단계마다 느낌도 다르고, 친밀감도 다릅니다. 처음에는 두 사람이 어린아이같이 사랑하다가 그 사랑이 예식을 통해 공식적인 출발을 알리면서 집안끼리도 한 몸이 됩니다. 두 사람이 한 몸이 되고 또 분리되는 모든 과정을 경험하는 것은 하나님이 인간에게 주신 자유의지 때문입니다.

—

하나님이 우리를 흙으로 만드시고 흙에다 생기를 불어넣어서 사람이 생령이 되었는데, 생령은 이마고 데이^{Imago Dei}라고 하는 하나님의 형상을 말합니다. 아담은 사람이라는 뜻이고 그는 원래 하나님과 한 몸이었습니다. 그리고 하나님이 창조하신 세상을 보시면서 '보시기에 좋았더라'고 말씀하셨지만 단 하나, 보시기에 좋지 않은 것이 있었습니다. 그것이 아담이 독처하는 모습이었습니다. 완전한 세상에서 하나님은 아담의 불완전을 보셨습니다. 그래서 한 몸을 이룰 수 있는 여자를 만드셨습니다. 원래 아담이 하나님과 한 몸이었는데 창세기 2장에 보면 '부모를 떠나'라고 말씀하십니다. 남자와 여자가 한 몸이 되기 위한 첫 번째 조건이 부모를 떠나는 것입니다. 부모를 떠난다는 것은 가장 독립적인 개체가 되는 것을 의미합니다. 불완전한 것을 완전한 것으로 만들기 위해서 하나님이 자신을 떠나는 것을 허락하셨다는 의미입니다.

자유의지는 사람이 하나님을 거부할 수도 있는 의지입니다. '제 생각은 조금 다릅니다. 기다려주시겠어요, 주님? 저는 주님과 한 몸이 되고 싶지 않아요.'라고 말할 수 있는 의지입니다. 거부할 수 없는 의지라면 자유의지라고 할 수 없습니다. 하나님은 사람을 자유롭게 풀어놓고 마음대로 할 수 있는 자유의지를 주셨지만, 하나님을 떠났다가도 다시 돌아와서 사랑할 수 있기를 바라셨습니다. 나에게 바로 그 선택권을 주셨습니다.

—

자유의지에도 수준이 있습니다. 순수한 자유의지, 죄짓는 자유의지, 분별하는 자유의지, 선한 자유의지 등 4가지입니다. 만약 정말 사랑하는 남자와 결혼을 앞둔 여인 앞에 갑자기 영국 왕자가 와서 청혼한다면 솔직히 누구라도 한 번쯤은 고민하게 될 것입니다. 신파극에 나오는 김중배의 다이아몬드냐 이수일의 사랑이냐를 선택해야 하는 심순애의 심정이 되는 것입니다.

순수한 자유의지를 가진 사람은 김중배의 돈을 좇아갑니다. 순수하다는 말은 아무것도 분별할 수 없다는 뜻입니다. 하지만 막상 가서 보니 김중배는 너무 악독한 놈이었습니다. 김중배는 돈과 권력으로 사람을 계속 조종했기 때문입니다. 그러면 그 안에서 무엇을 하든 그 사랑은 다 죄짓는 자유의지가 됩니다. 진짜 사랑이 아닙니다. 그러다가 이수일이 다시 찾아옵니다. 그때에야 심순애는 자신이 진짜 사랑하는 사람이 누구인지를 분별하게 됩니다. 이것이 분별하는 자유의지입니다. 그때부터는 싸워도 선입니다. 그 안에서 살면 분별하다가 어느 순간에 무엇을 하든지 선한 것이 되는 자유의지로 살게 됩니다. 죄짓는 자유의지를 가진 사람은 정직해도 죄이고 약도 독입니다. 그러나 선한 자유의지를 가진 사람은 욕을 해도 선이고 독도 약이 됩니다.

원래 나라는 존재는 하나님의 형상이고 예수그리스도 안에 있는 내가 진짜 나입니다. 불교에서는 세상을 끊어버리면 참 나를 찾을 수 있다고 하는데 기독교는 예수그리스도 안에 들어가야 참 나가 된다고 합니다. 그 안에 들어가면 욕을 해도 선한 것이 됩니다. 무엇을 하든 하나님의 선하심과 인자하심이 내 뒤를 따르기 때문에 결국에는 선한 것입니다. 예수님이 포도주를 즐기시고 죄인들과 함께하신 것이 율법적으로는 다 악이지만 하나님의 기준에서 보면 다 선입니다. 거기까지 가야 성화를 이루고 삽니다.

하나님과 내가 한 몸이 되는 단계마다 수준이 다릅니다. 내가 옛날에 첫사랑과 했던 입맞춤과 산전수전 다 겪고 나서 사랑하는 사람과 하는 입맞춤은 다릅니다. 분별은 정한 마음이 있을 때 할 수 있습니다. 마음을 정했다는 것은 나에게 기준이 생겼다는 뜻이고 그 기준은 남이 만들어주는 것이 아니라 내 자유의지로 세워나가는 것입니다. 돈도 싫고 명예도 싫고 이제는 이 수일을 내 사람으로 사랑하겠다는 의지를 갖게 됩니다. 믿음으로 결정하고 나면 부어지는 은혜가 있습니다. 그런데 정하지 않으면 아무리 부어주어도 기준이 없으니 밑 빠진 독에 물 붓기입니다. 그래서 어떤 일을 하든 정해야 합니다. ❧

너와 나

1:9 내 사랑아 내가 너를 바로의 병거의 준마에 비하였
구나
나의 사랑 그대는 바로의 병거를 끄는 날랜 말과도
같소.

신랑의 눈에는 피부가 검은 신부가 바로의 병거를 끄는 준마로
보입니다. 준마는 외형적으로도 튼튼해 보이고 빠르게 잘 달리
는 말을 말합니다.

1:4 왕이 나를 그의 방으로 이끌어 들이시니 너는 나를
인도하라 우리가 너를 따라 달려가리라 우리가 너로

말미암아 기뻐하며 즐거워하니 네 사랑이 포도주보
다 더 진함이라 처녀들이 너를 사랑함이 마땅하니라
나를 데려가 주세요, 어서요, 임금님, 나를 데려가세
요, 임의 침실로. 우리는 임과 더불어 기뻐하고 즐거
워하며, 포도주보다 더 진한 사랑을 기리렵니다. 아
가씨라면, 누구나 임을 사랑하고 싶을 것입니다.

왕에게 '너'라고 하고 왕과 나를 '우리'라고 얘기하는 것은 사실
말도 안 되는 이야기지만 사랑의 관계에서만은 가능합니다. 이
말씀을 우리나라 말로는 '너'라고 해석했지만, 영어로는 'You'이
고, '당신' 또는 '그대'라고 속삭이는 말입니다. 하나님과 나의 관
계가 아버지와 자녀의 관계로 머물러 있지 않고 '나'와 '너'의 관
계로까지 발전할 수 있다는 것을 보여줍니다. 공식적으로는 아
버지이지만 나와 단둘이 있을 때는 하나님도 '너'가 되는 대등한
관계가 됩니다. 이것이 관계의 신비입니다.

―

'그의 방'은 왕의 침실입니다. 그 당시에는 원래 왕의 침실에 아
무나 들어갈 수 없었습니다. 왕비조차 함부로 들어갈 수 없었

고 허락 없이 들어간 사람은 모두 죽었습니다. 에스더서 말씀에서도 보면 실제로 왕 앞에 허락 없이 들어간 사람은 모두 죽었습니다. 그래서 에스더가 왕 앞에 들어가기 전에 '죽으면 죽으리라'고 말한 것입니다. 왕의 침실을 드나들게 하는 것은 왕의 절대 권한이었습니다. 하나님은 나를 하나님의 비밀 공간에 들어가서 사랑할 수 있는 존재로 만드셨습니다.

> 1:16~17 나의 사랑하는 자야 너는 어여쁘고 화창하다 우리의 침상은 푸르고 우리 집은 백향목 들보, 잣나무 서까래로구나
>
> 나의 사랑, 멋있어라. 나를 이렇게 황홀하게 하시는 그대! 우리의 침실은 푸른 풀밭이라오. 우리 집 들보는 백향목이요, 우리 집 서까래는 전나무라오.

침상은 나와 하나님이 만나는 둘만의 공간입니다. 그 침상을 짜는 나무가 백향목이고 잣나무인데 백향목과 잣나무는 원래 성전을 지을 때 사용하는 나무였습니다. 그 나무들은 향이 나고 단단합니다. 향 때문에 벌레도 꼬이지 않고 구부러지지도 않으며 곧은 나무입니다. 좋은 향기는 다른 것이 틈타지 못하

게 하고, 단단하고 올곧은 줄기는 지붕을 받쳐주고 둘만의 공
간을 가장 안전하게 만들어줍니다. 그 나무로 들보와 서까래를
만들었기 때문에 흔들리지 않는 관계를 할 수 있습니다. 무슨
말을 한다 해도 어떤 상황에 놓인다 해도 의심하지 않는 관계를
이루어갑니다. 한번 사랑하겠다고 결정했으면 최선을 다해 올
곧은 마음으로 신뢰하며 사랑하는 관계가 하나님과 나의 관계
가 되어야 합니다.

—

1:2 내게 입맞추기를 원하니 네 사랑이 포도주보다 나
음이로구나
나에게 입맞춰 주세요, 숨막힐 듯한 임의 입술로,
임의 사랑은 포도주보다 더 달콤합니다.

아가서에서는 사랑하는 연인과의 입맞춤이 포도주보다 낫다고
이야기합니다.

1:3 네 기름이 향기로워 아름답고 네 이름이 쏟은 향기
름 같으므로 처녀들이 너를 사랑하는구나

임에게서 풍기는 향긋한 내음, 사람들은 임을 쏟아지는 향기름이라고 부릅니다. 그러기에, 아가씨들이 임을 사랑합니다.

사랑하는 연인은 이름조차 향기롭습니다. 향기로워서 사랑스러운 존재가 아니라, 존재하기 때문에 향기롭고 사랑스럽습니다. '처녀들'은 존재에서 나오는 향기에 취합니다. 그들은 향기로운 존재와 관계를 맺고, 존재 때문에 서로를 사랑할 수 있는 사람들입니다. 생명은 생명의 근원에 반응합니다. 나무가 빛과 물에 반응하듯이, 그 존재가 사랑의 존재이기 때문에 누구든지 그를 열망하고 찾습니다. ▮•

작은 여우가 들어왔다는 것은 내 마음에 틈이
있다는 이야기입니다. 그 틈을 줄이고 막아야 합니다.

3막 작은 여우

포도원

2:10~13 나의 사랑하는 자가 내게 말하여 이르기를 나의 사
랑, 내 어여쁜 자야 일어나서 함께 가자 겨울도 지나
고 비도 그쳤고 지면에는 꽃이 피고 새가 노래할 때
가 이르렀는데 비둘기의 소리가 우리 땅에 들리는구
나 무화과나무에는 푸른 열매가 익었고 포도나무는
꽃을 피워 향기를 토하는구나 나의 사랑, 나의 어여
쁜 자야 일어나서 함께 가자

아, 사랑하는 이가 나에게 속삭이네. 나의 사랑 그
대, 일어나오. 나의 어여쁜 그대, 어서 나오오. 겨울
은 지나고, 비도 그치고, 비구름도 걷혔소. 꽃 피고
새들 노래하는 계절이 이 땅에 돌아왔소. 비둘기 우

는 소리, 우리 땅에 들리오. 무화과나무에는 푸른 무
화과가 열려 있고, 포도나무에는 활짝 핀 꽃이 향기
를 내뿜고 있소. 일어나 나오오. 사랑하는 임이여!
나의 귀여운 그대, 어서 나오오.

구약시대에는 하나님을 직접 만난 사람은 그 자리에서 죽었습
니다. 그래서 늘 제사라는 간접적인 수단을 통해서, 또 성경 말
씀을 통해서 하나님을 알게 되었고 제사장이나 모세 같은 사람
을 통해서 하나님을 경험했습니다.

바알이나 아세라 같은 신은 그 상이 분명한데 하나님은 사람들
에게 그려지는 상이 없는 분이었습니다. 그래서 모세가 십계명
을 받으러 호렙산에 간 사이에 백성들이 모세의 형 아론에게 하
나님을 보여 달라고 채근합니다. 그래서 금을 다 모아서 금송
아지를 만들고 그것을 하나님이라고 했습니다. 호렙산에서 내
려온 모세는 그 모습을 보고 분노해서 하나님께 받아온 십계명
판을 집어던져 박살을 냈습니다.

―

솔로몬과 술람미 여인은 누가 뭐라고 해도 원래 한 몸인 관계입

니다. 그들에게는 '포도원'같이 함께 먹고 함께 눕고 함께 살아갈 공간이 필요했습니다. 온전하게 사랑하려면 누군가에게 틈타지 않는 공간이 필요합니다. 그 공간은 서로 사랑을 확인하는 공간이기 때문에 둘만을 위한 사랑의 공간이 될 수 있도록 잘 지켜야 합니다.

사랑해서 결혼한 부부가 한 사람은 서울에 살고 한 사람은 제주도에 산다면 결혼했다고 할 수 없습니다. 하루라도 빨리 방을 구해서 함께 살아야 합니다. 그 방이 유리방이어서도 안 됩니다. 두 사람이 서로 사랑하고 그 사랑을 확인하고 가꾸는 데는 반드시 다양한 매개체가 필요합니다.

저는 제 아내와 취미가 같아지는 것이 소원입니다. 바둑을 같이 둔다든지 탁구를 같이 친다든지 등산을 함께 한다든지 하면 정말 더 친해질 수 있을 것 같습니다. 그런데 달라도 너무 다릅니다. 아이돌 가수를 좋아하는 아내를 위해 저도 그 아이돌을 좋아했으면 좋겠는데 그게 잘 안 됩니다.

사랑을 유지하기 위해서는 반드시 매개체가 필요합니다. 사랑하는 존재가 있고 사랑을 이뤄 주는 수단이 따로 있습니다. 사랑을 이루기 위한 수단이 분명하게 드러나야 바람직한 사랑이 될 수 있습니다.

—

'은혜에 의하여By Grace 믿음으로 말미암아Through Faith'입니다. 여기에서 전치사 바이by는 수단을 의미합니다. 믿음의 관을 통해 은혜가 흐릅니다. 강이나 바다에 아무리 은혜가 넘쳐도 그 물이 우리 집까지 오려면 송수관이 필요합니다. 믿음이 없어도 일반적인 은혜는 있지만, 믿음이라는 관을 통해야만 그 은혜가 나에게 주시는 은혜이고, 그 은혜가 얼마나 소중한지 알 수 있습니다. 믿음이라는 관이 있어야 사랑의 목적인 은혜를 경험할 수 있습니다. 그래서 사랑의 매개체가 꼭 필요합니다.

종교에는 표층적 종교와 심층적 종교가 있는데 심층적 종교는 영의 세계를 말합니다. 나의 영은 당연히 하나님과 하나이지만 표층적 종교라는 수단으로 표현되어야 합니다. 그래야 진정한 사랑의 관계가 맺어지기 시작합니다. ❖

치유

2:1 나는 사론의 수선화요 골짜기의 백합화로다

　나는 샤론의 수선화, 골짜기에 핀 나리꽃이라오.

신부는 자신이 볼품없는 사람이라고 생각합니다. 신부가 겪고 있는 상황과 조건은 정말 별 볼 일 없어서 스스로 척박한 땅인 사론과 골짜기에서 피어난다고 생각합니다.

2:2 여자들 중에 내 사랑은 가시나무 가운데 백합화 같
　도다
　가시덤불 속에 핀 나리꽃, 아가씨들 가운데서도 나
　의 사랑 그대가 바로 그렇소.

그런데 신랑의 표현을 보면 신부의 처지를 비슷하게 보는 것 같지만, 가시덤불보다 '나리꽃'에 주목합니다.

> 2:3 남자들 중에 나의 사랑하는 자는 수풀 가운데 사과
> 나무 같구나 내가 그 그늘에 앉아서 심히 기뻐하였
> 고 그 열매는 내 입에 달았도다
> 숲속 잡목 사이에 사과나무 한 그루, 남자들 가운데
> 서도 나의 사랑 임이 바로 그렇다오. 그 그늘 아래
> 앉아서, 달콤한 그 열매를 맛보았어요.

신부도 생각이 바뀝니다. 신부는 최악의 조건과 상황 가운데서 신랑을 백합화로, 사과나무로 표현합니다. 그리고 수풀 가운데 있는 사과나무 그늘에서 쉼을 누리며 달고 시원한 열매를 먹습니다. 신랑이 신부에게 평안함과 기쁨과 명쾌함을 주는 존재라고 고백합니다.

> 2:4 그가 나를 인도하여 잔칫집에 들어갔으니 그 사랑
> 은 내 위에 깃발이로구나
> 임은 나를 이끌고 잔칫집으로 갔어요. 임의 사랑이

내 위에 깃발처럼 펄럭이어요.

내가 당신과 있는 것으로 내 인생이, 내 사랑이, 내 관계가 정말 승리할 것이라고 고백합니다. 진짜 남자를 만났고 그 남자를 통해 사랑이 온전히 마침표를 찍었다는 의미입니다.

> 2:5 너희는 건포도로 내 힘을 돕고 사과로 나를 시원하게 하라 내가 사랑하므로 병이 생겼음이라
>
> "건포도 과자를 주세요. 힘을 좀 내게요. 사과 좀 주세요. 기운 좀 차리게요 사랑하다가, 나는 그만 병들었다오."

사랑하는 사람 때문에 생긴 상사병은 애타게 사랑하는 상대와 하나가 되고 싶어 하는 열정의 병입니다. 이 병은 함께하며 사랑을 속삭이면 치유됩니다. 함께 있는 것 자체가 쉼이고 기쁨이기 때문에 병이 저절로 낫습니다.

에덴동산에는 생명나무와 선악과나무가 있었습니다. 선악과

를 먹고 난 뒤 하나님은 생명나무 열매를 먹지 못하도록 아담과 하와를 에덴동산에서 쫓아내셨습니다. 생명나무는 영원한 생명의 나무이고 선악과나무는 분별의 나무인데, 선악과를 먹고 나니 분별하게 되고 그 분별이 지나쳐 정죄하다가 자신의 영혼도 죽고 다른 사람의 영혼도 죽이는 사람이 되었습니다.

하나님은 분명히 선악과를 먹지 말라고 하셨습니다. 먹지 말라고 하시면서도 십자가나무를 미리 준비해 두셨습니다. 십자가나무만이 선악과나무를 해결할 수 있습니다. 선악과를 먹고도 정죄하지 않고 살리려고 분별하게 하는 것이 십자가나무입니다. 분별하기 위해서는 은혜 가운데로 들어가야 하는데 그 은혜는 믿음으로 받을 수 있습니다. 믿음으로 은혜 가운데 들어가고 은혜가 있어야 바르게 분별이 됩니다. 그리고 십자가나무를 통과하면 새 하늘과 새 땅, 새 에덴동산에 가서 진정한 생명나무를 보게 됩니다.

신부는 자신이 십자가나무 아래에 있어야지만 진정한 쉼을 얻을 수 있다는 것을 압니다. 그리고 그 나무 아래서 이제는 선악과를 먹는 것이 아니라 십자가나무에 열린 생명을 먹는데, 그 생명이 바로 예수그리스도입니다.

2:6 그가 왼팔로 내 머리를 고이고 오른팔로 나를 안는
구나

임께서 왼팔로는 나의 머리를 고이시고, 오른팔로
는 나를 안아 주시네.

팔로 머리를 고이고 안아주는 것은 사랑하는 이의 어떠함을 덮
어준다는 의미입니다. 은혜는 실수한 것을, 흉한 것을, 부끄러
운 것을 덮어줍니다. 아담이 벗은 것을 부끄러워하니까 하나님
이 가죽옷을 지어 입히신 것처럼, 노아가 술에 취해 벌거벗고
잠들었을 때 자식이 아버지의 수치를 덮어주었던 것처럼, 다른
이의 상처를 지적하고 고치려고 하지 않고 그냥 덮어주는 것이
사랑입니다. 그래야만 그 상처에 딱지가 앉고 상처가 아물어
새 살이 돋아날 수 있습니다. 주님이 우리의 죄를 그렇게 그냥
덮어주셨습니다.

은혜로 덮는 사랑은 다시 기억하지 않습니다. 자꾸만 옛날에
있었던 일을 들추어 힘들게 하는 사람은 용서하지 않는 사람입
니다. 용서는 묻지도 않고 따지지도 않습니다. 은혜로 덮어주

는 사랑은 씻어주고 정결케 하고 깨끗이 닦아주는 사랑입니다.
주님은 나를 평안히 쉬게 하고 배불리 먹게 해서 힘을 주는 분
이시고 우리의 머리를 고이고 안아서 상처를 덮어주시는 분입
니다.

2:7 예루살렘 딸들아 내가 노루와 들사슴을 두고 너희
에게 부탁한다 내 사랑이 원하기 전에는 흔들지 말
고 깨우지 말지니라
"예루살렘의 아가씨들아, 노루와 들사슴을 두고서
부탁한다. 우리가 마음껏 사랑하기까지는, 흔들지
도 말고 깨우지도 말아 다오."

노루와 들사슴은 잠을 깨우는 방해요소들입니다. 나를 향한 마
음, 교회를 향한 마음이 주님의 마음이고 신랑의 마음입니다.
하나님이 주시는 사랑으로 너무나 평안하고 곤하게 사랑의 잠
을 잡니다.

2:10 나의 사랑 나의 어여쁜 자야 일어나서 함께 가자
아, 사랑하는 이가 나에게 속삭이네. 나의 사랑 그

대, 일어나오. 나의 어어쁜 그대, 어서 나오오.

사랑은 함께, 더불어 있는 것입니다. 🔖

틈

2:15 우리를 위하여 여우 곧 포도원을 허는 작은 여우를
잡으라 우리의 포도원에 꽃이 피었음이라
"여우 떼를 좀 잡아 주오. 꽃이 한창인 우리 포도원
을 망가뜨리는 새끼 여우 떼를 좀 잡아 주오."

두 사람은 정말 사랑합니다. 둘이 함께 가꾸는 포도원은 사랑
하는 연인이 함께 거하고 일하는 곳입니다. 그런데 작은 여우
가 들어와서 포도원을 헐고 그 틈이 결국 둘의 관계를 깨뜨립니
다. 두 사람은 분명히 사랑하는데 왜 작은 여우가 들어와서 둘
의 관계를 흩어놓을까요?
작은 여우는 작은 틈을 통해 들어옵니다. 너와 나 사이에도 작

은 틈이 있습니다. 두 사람 사이에 여러 가지 사랑의 매개체가 있겠지만 가장 중요한 것은 내 마음의 공간입니다. 작은 여우가 들어왔다는 것은 내 마음에 틈이 있다는 이야기입니다. 그 틈을 줄이고 막아야 합니다. 틈을 막지 않으면 점점 벌어져서 너와 나의 관계는 결국 깨져 버립니다.

—

여성을 보고 예쁘다고 말하는 기준은 시대마다 참 달랐고 사람마다 또 다릅니다. 아내는 세 자매 가운데 둘째입니다. 저는 당연히 제 아내가 제일 예쁘다고 생각하는데, 어떤 사람은 언니가 더 예쁘다고 하고, 어떤 사람은 막내가 더 예쁘다고 합니다. 사람을 좋아하고 사랑하면 정말 아무것도 안 해도 좋습니다. 반대로 뭘 해도 싫은 사람이 있습니다. 그것은 자신이 가지고 있는 어떤 이미지가 있기 때문인데 그것이 편견이나 선입견입니다. 편견이나 선입견이 관계에 틈을 만듭니다.

마음에 치유되지 않은 상처가 있는 사람이 누군가와 하나가 되려고 하면 그 상처가 평소보다 더 커 보입니다. 내 상처가 커 보이면 '나 같은 사람을 왜 좋아하지?'라고 생각하면서 스스로 위축됩니다. 또 상대의 상처가 더 커 보이면 '내가 저런 사람을 왜 만났지?'라고 생각합니다. 작은 여우는 내가 가지고 있는 어떤 영적 실체지만 마음에 틈을 준 것은 바로 나 자신입니다. 그래서 작은 여우를 잡아도 또 다른 것이 들어옵니다.

관계로 생긴 상처는 사랑하는 사람에게 충분한 사랑을 받아야 치유됩니다. 내 상처가 너무 커서 사랑받지 못할 정도가 되면 악순환이 계속되겠지만 상처가 있어도 사랑으로 덮이는 경험을 하면 치유가 됩니다.

저는 누구와 서로의 상처를 건드리면서 심하게 싸우게 되면 그 순간 '이 사람이 하나님이 맺어주신 사람, 하나님이 나에게 붙여주신 돕는 배필, 나에게 최고의 사람이고 최고의 선물'이라는 생각을 합니다. 포도원의 담을 다시 세우기 위해 내 사랑의 기억을 떠올립니다.

아가서에서는 계속해서 하나님과의 첫사랑을 기억하라고 말씀합니다. 내가 누군가를 만나서 했던 첫 번째 사랑을 기억하라는 것입니다. 상처는 사랑으로 덮였을 때 치유되기 때문입니다. 내가 하나님을, 첫사랑을 다시 기억하는 것입니다.

———

하나님과 나의 관계 안에서 나에게 있는 상처는 원죄인데 그 원죄를 극복하는 방법은 원복^{Original Blessing}을 기억하는 것입니다. 그 원복의 기억이 첫사랑의 기억입니다. 하나님과의 관계든 사람과의 관계든 기본 사랑을 잊지 말아야 합니다. 기본 사랑 위에 아름다운 사랑의 경험을 쌓아가다가 설령 실패하더라도 기본 사랑은 남습니다. 사랑에 실패해도 터까지 없어지지는 않는다는 말입니다. 집을 지을 터가 있어서 나무와 풀과 짚으로 열심히 집을 짓다가 잘못해서 타버렸다면 다시 지으면 됩니다. 그런데 사람들은 집을 지을 생각은 하지 않고 땅을 바꾸려고 합니다.

내 사랑의 공간을 끝까지 지켜내야 합니다. 틈을 메우지 못해서 자꾸 부부싸움을 하는 사람들에게 저는 가끔 계약서를 쓰라고 얘기해 줍니다. 하나님과 나의 관계도 마찬가지입니다. 사탄은 우리가 약속을 지키지 못하면 '넌 안 돼.'라고 말하지만, 주님은 계약서를 계속 써도 괜찮다고 말씀하십니다. 틈이 메워질 때까지 계속 써도 됩니다. 하나님 앞에서 저도 역시 매일 각서를 쓰고 사는데 매번 지킬 수가 없습니다. 그래도 주님은 나를 기다려주십니다.

2:16 내 사랑하는 자는 내게 속하였고 나는 그에게 속하

였도다 그가 백합화 가운데에서 양 떼를 먹이는구나
임은 나의 것, 나는 임의 것. 임은 나리꽃 밭에서
양을 치네.

서로에게 속하면 상처를 보듬어줄 수 있는 관계가 됩니다. 서
로 속해 한 몸을 이루면 양 떼를 먹일 수 있습니다. 생명을 키울
수 있는 관계가 됩니다.

> 2:17 내 사랑하는 자야 날이 저물고 그림자가 사라지기 전
> 에 돌아와서 베데르 산의 노루와 어린 사슴 같을지라
> 날이 저물고 그림자가 사라지기 전에, 나의 임이여,
> 노루처럼 빨리 돌아와 주세요. 베데르 산의 날랜 사슴
> 처럼 빨리 오세요.

베데르는 원어로 언약, 약속이라는 의미입니다. 베데르 산의
노루와 어린 사슴은 '그래서 행복하게 살았더라.'고 하는 평화
로운 상태의 상징입니다. ⸙

아무도 없는 골방에서 하나님과 나만의 시간을 가지고 난 뒤에야
비로소 일을 할 수 있습니다. 안식은 사귐입니다.

4막 밤

안식

안식일은 하나님과 내가 사귀는 날입니다. 에베소서 말씀을 '좌 행참'이라고 해석한 신학자가 있습니다. 좌^{Sit} 행^{Walk} 참^{Stand}, 앉 고 걷고 서는 것이 에베소서 전체의 내용이라고 했습니다. 사 람들이 예수를 믿게 되면 먼저 무엇인가 하려고 하고 진리가 아 닌 것과 싸워야 한다고 생각해서 바로 움직이는데, 사실은 예수 를 믿는 것도 앉아 있는 것부터 시작해야 합니다. 하나님을 묵 상하고 하나님과 사귀는 시간이 생명이 시작되는 시간입니다. 아무것도 하지 않고 집중해서 하나님과 깊은 교제 가운데 있는 것이 안식이고, 모든 것의 시작입니다.

하나님의 일을 하려면 먼저 하나님의 뜻과 소원과 목적이 무엇 인지 알아야 합니다. 멋모르고 일을 하면 하나님은 올라가기를 바라시는데 나는 아래로 내려갈 수도 있고 옆으로 갈 수도 있습니다. 그렇게 일하는 것은 주님과 아무 상관없이 일하는 모습입니다. 그렇게 하면 한동안은 열심히 할 수 있겠지만 언젠가는 폭발합니다. 교회에서도 하나님의 뜻과 상관없이 자기 열심만으로 열심히 청소하는 사람이 무서울 때가 있습니다. 그런 사람은 청소를 안 하는 사람들을 보면 인간이 어떻게 그럴 수 있느냐고 비난하거나 자기가 한 일을 왜 알아주지 않느냐고 불평하는 경우가 있기 때문입니다.

하나님의 뜻에 따라 일하는 사람은 내가 일을 했는지 안 했는지가 중요하지 않고 또 누가 하는지도 중요하지 않습니다. 나는 그저 하나님 앞에서 그 일을 합니다. 일만 강조하다 보면 의미도 없이 일만 하게 될 수가 있습니다.

안식은 사귐입니다. 밤에 하나님과 내가 진짜 하나 됨을 이룹니다. 아무도 없는 골방에서 하나님과 나만의 시간을 가지고 난 뒤에야 비로소 일할 수 있습니다. 안식의 밤에는 신랑이 나와 함께하니 그 신랑과 사랑을 나누고 아침이 되면 그를 위해 밥을 하고 빨래를 하며 기뻐합니다.

———

3:1 내가 밤에 침상에서 마음으로 사랑하는 자를 찾았
노라 찾아도 찾아내지 못하였노라
나는 잠자리에서 밤새도록 사랑하는 나의 임을 찾
았지만, 아무리 찾아도 그를 만나지 못하였다.

그런데 이 말씀에서 밤은 임이 없는 외로운 밤이고 고통의 시간
입니다. 홀로 외롭고 힘든 시간을 겪느라 내면이 메말라 있고
외부 상황 또한 비참합니다. 이런 밤은 오지 않아야 하는 밤입
니다. 밤은 나에게는 고통의 시간이고 하나님이 부재하시는 시
간입니다. 신랑이 나를 떠나서 내가 신랑과 하나가 되지 못하
는 상태입니다.

신랑의 부재로 생긴 고통의 시간에 나는 주님이 얼마나 소중한
분인지를 깨달아야 합니다. 그런데 어떤 사람들은 그 시간에
남을 원망하거나 탓합니다. 사라진 존재의 소중함을 깨닫지 못
하면 오히려 불신만 더 쌓입니다. 어떤 사람은 소중한 사람을
원수로 여겨서 죽이고, 어떤 사람은 소중한 사람과 함께 영원히
행복한 삶을 삽니다.

돈을 많이 가지고 있다가 잃어본 사람은 다시 돈이 생기면 그
소중함을 알아서 돈을 가치 있게 쓸 줄 알게 됩니다.

성경에 불의한 종의 이야기가 나옵니다. 자신에게 맡겨진 일을 제대로 하지 못한 종이 있었는데 집을 떠나 있던 주인이 돌아와서 그 죄를 물을 것이라는 얘기를 듣습니다. 그는 걱정이 돼서 가진 돈으로 어려운 사람들을 도와주었습니다. 그랬더니 주인이 돌아와서 죄를 묻기보다 오히려 지혜로운 종이라고 칭찬합니다. 잃어버리고 나서 소중함을 깨달은 사람은 그 뒤로는 소중한 것을 가치 있게 쓸 줄 알게 되고 소중한 사람을 귀히 여길 줄 아는 사람이 됩니다. ▮

양파 까기

3:2 이에 내가 일어나서

사랑하는 이를 잃어버린 내가 마냥 기다리고 앉아 있지 않고 일어나서 적극적으로 찾으러 돌아다닙니다. 목마른 사슴이 시내를 찾듯이 내 메마름과 비참함이 어디서 왔는지를 찾습니다. 원망하고 불평만 하고 있지 말고 내 마음을 들여다봐야 합니다. 이것이 마음의 양파 까기입니다.

마음의 양파 까기는 까도 까도 끝이 없고, 까면서 눈물을 흘릴 수밖에 없는 한계 상황을 말합니다. 양파를 까듯 내 마음을 까보면 환경이나 상황이 문제가 아니라 내 마음의 끝에서 무엇이 문제인지를 알게 되고 그 문제를 내가 해결할 수 없다는 것도 알게 됩니다. '마음의 끝'에 이르기 전까지는 남의 탓을 할 수밖에 없습니다. 문제를 알게 되고 그 문제를 내 힘으로 해결할 수 없다는 것을 아는 순간 가장 비참함을 느끼기 때문입니다.

내가 진짜 메마르고 비참한 존재라는 것을 깨닫는 그 끝까지 다다라 봐야 하나님이 필요하다는 것을 깨닫습니다. 그때에야 바닥에 납작 엎드려 하나님을 요청합니다. 진리를 찾은 사람은 진리가 밖에서 와야 한다는 것을 깨닫습니다. 그때까지 자신의 거룩함에 의지했다거나 또 다른 무언가에 의지해왔던 것을 반성하는 시간을 경험합니다. 마음의 양파 까기의 마지막은 철저한 자기 죽음입니다. 자기 죽음으로부터 오지 않은 진리는 다 가짜입니다.

—

사람들은 살아 있는 자기로 무언가를 하고 실패하기를 반복합니다. 사랑은 쉽지 않습니다. 내가 오늘 사랑하겠다고 다짐했는데 상대는 사랑받지 못할 말과 행동만 골라서 합니다. 그러면 다시 못 믿을 놈이라는 생각이 듭니다. 불신이 반복되면 진짜 사랑이 오고 진짜 왕자가 와도 절대로 믿지 못합니다. 진짜 하나님이 내게 와도 못 믿습니다.

아무리 악한 사람도 믿어주면 하나님이 되고, 못된 주인처럼 보이던 사람도 내가 진짜 신뢰하고 믿어주면 너그럽고 존중할 줄 아는 존재가 됩니다. 그런데 사람들은 자기 죽음이 없고 자기 반성도 하지 않으면서 매일 자기가 꽤 괜찮은 사람이라고 생각하고 삽니다.

술람미 여인은 자신이 비록 외면은 검지만 내면은 단단하고 순결하다고, 자신은 꽤 괜찮은 사람이라고 생각했습니다. 그래서 신랑과 서로 존중하며 사랑했는데 어느 순간 신랑이 사라졌습니다.

3:2~3상 성 안을 돌아다니며 마음에 사랑하는 자를 거리에서나 큰 길에서나 찾으리라 하고 찾으나 만나지 못하였노라 성 안을 순찰하는 자들을 만나서 묻기를

일어나서 온 성읍을 돌아다니며 거리마다 광장마다 샅샅이 뒤져서 사랑하는 나의 임을 찾겠다고 마음먹고, 그를 찾아 나섰지만 만나지 못하였다. 성 안을 순찰하는 야경꾼들을 만나서

순찰하는 자들에게 묻습니다.

3:3하~4상 사랑하는 자를 너희가 보았느냐 하고 그들을 지나치
자마자 마음에 사랑하는 자를 만나서 그를 붙잡고
"사랑하는 나의 임을 못 보셨어요?" 하고 물으며, 그
들 옆을 지나가다가, 드디어 사랑하는 나의 임을 만
났다. 놓칠세라 그를 꼭 붙잡고,

찾고, 묻고, 붙잡습니다. 붙잡는다는 말에는 두 가지 의미가 있
습니다. 하나는 내가 더이상 그를 놓치지 않겠다는 의지입니
다. 그 남자가 또는 진리가 더이상 물러설 수 없는 마지막 희망
이라고 붙잡는다는 뜻입니다. 다른 하나는 그 의지의 표현 속
에서 내가 결정하는 것이 있다는 의미입니다. 예를 들어 38년
된 혈우병 환자가 자신의 시간과 물질, 모든 열정까지 다 허비
하고 나서야 마지막에 유일한 소망인 예수 진리를 붙잡았던 것
처럼 절대로 놓지 않겠다는 의지를 담아 결정하고 붙잡습니다.

3:4하 만나서 그를 붙잡고 내 어머니 집으로, 나를 잉태한
이의 방으로 가기까지 놓지 아니하였노라

그를 꼭 붙잡고, 나의 어머니의 집으로 데리고 갔다.

어머니가 나를 잉태하던 바로 그 방으로 데리고 갔다.

드디어 신랑을 다시 만났습니다. 어머니의 집과 잉태한 이의 방은 내 마음속 가장 원초적인 공간입니다. 나의 방, 나의 자리를 신랑에게 내어줍니다. 그분이 나의 주인이 되도록 내어주는 것입니다. 그분이 내 모든 삶의 시작이고 끝이요, 알파와 오메가가 되게 하겠다는 것입니다. ▮•

사랑의 누림

3:5 내가 노루와 들사슴을 두고 너희에게 부탁한다 사랑하는 자가 원하기 전에는 흔들지 말고 깨우지 말지니라

예루살렘 아가씨들아, 노루와 들사슴을 두고서 부탁한다. 우리가 마음껏 사랑하기까지는, 흔들지도 말고 깨우지도 말아 다오.

밤에 진정한 안식의 잠을 자는 자를 깨우지 말라고 합니다. 이제는 신랑의 부재 때문에 겪었던 고통이 사라지고 행복한 밤이 되었기 때문입니다. 둘이 하나가 되어 신랑의 온전한 영광과 임재가 있는 진정한 기쁨의 시간이 왔습니다. 그 시간 속에

있는 이를 깨우지 말라고 합니다. 그 시간에 사랑을 누리고 이루어야 하고 그 안에서 진정 신랑과 하나가 되는 비밀을 가지고 있어야 합니다.

하루 24시간 동안 눈 뜨고 일만 하는 것이 아니라 누구에게도 방해받고 싶지 않은 하나님과 나만의 시간이 있어야 합니다. 그것이 내 삶의 우선순위입니다. 그러면 누가 내게 와서 내 상처를 찔러도 더는 아프지 않습니다. 지나가는 나그네가 '아이고 못생겼네.'라고 말해도 신랑이 나를 사랑하기 때문에 마음이 아프지 않습니다. 누가 뭐라고 하든 내 영이 죽지 않습니다.

모여서 하는 성경공부나 예배에서는 비밀의 시간이 얼마나 소중한지를 말해줄 수는 있어도 그 시간이 비밀의 시간 자체가 될 수는 없습니다.

주님과 나만의 시간에 누리는 사랑이 있어야, 신랑이신 예수님과 신부인 내가 사랑을 나누어야 그 안에서 생명이 나옵니다. 신랑과 신부가 만나야 생명을 낳을 수 있습니다.

—

3:6~7 몰약과 유향과 상인의 여러 가지 향품으로 향내 풍기며 연기 기둥처럼 거친 들에서 오는 자가 누구인

가 볼지어다 솔로몬의 가마라 이스라엘 용사 중 육
십 명이 둘러쌌는데

거친 들을 헤치며, 연기 치솟듯 올라오는 저 사람은
누구인가? 몰약과 유향 냄새 풍기며, 장사꾼들이 가
지고 있는 온갖 향수 냄새 풍기며 오는구나. 아, 솔로
몬이 탄 가마로구나. 이스라엘 장사 가운데서도 빼어
난 용사 예순 명이 그를 호위하는구나.

이제는 도망가지 않고 정식으로 결혼식을 하고 영원히 살겠다
는 의지입니다. 몰약과 유향과 여러 가지 향품처럼 향내가 나
는 그분이 솔로몬의 가마를 타고 오는데 그 가마를 둘러싼 용사
들이 예순 명입니다. 이 사람들은 칼을 잡고 싸움에 익숙한 사
람들이기 때문에 가마를 지켜낼 수 있습니다.

3:9~11 솔로몬 왕이 레바논 나무로 자기의 가마를 만들었
는데 그 기둥은 은이요 바닥은 금이요 자리는 자색
깔개라 그 안에는 예루살렘 딸들의 사랑이 엮어져
있구나 시온의 딸들아 나와서 솔로몬 왕을 보라 혼
인날 마음이 기쁠 때에 그의 어머니가 씌운 왕관이

그 머리에 있구나

솔로몬 왕은 그 가마를 레바논의 나무로 만들었구나.
기둥은 은으로 입히고, 닫집은 금으로 꾸미고, 자리
에는 보랏빛 털을 깔았구나. 그 안은 사랑으로 가득
찼구나. 예루살렘의 아가씨들아, 시온의 딸들아, 나
와서 보아라. 솔로몬 왕이다. 그가 결혼하는 날, 그
의 마음이 한껏 즐거운 날, 어머니가 씌워 준 면류관
을 쓰고 계시네.

신랑이 입장합니다.

내가 주님과 먼저 하나가 되어야 다른 모든 사람을 이해할 수
있습니다. 신랑도 부모도 아무도 필요 없고 사실은 나에게 진
짜 신랑은 하나님 한 분이십니다. 그 후에 다시 부모도 필요하
고 다른 사람도 필요하다는 것을 알아야 합니다. 그렇지 않으
면 하나님도 부분일 뿐입니다. 육신의 신랑이 다라고 생각하다
가 또 육신의 아들만을 의지하며 살게 됩니다. 그런데 누구든
하나님이 나를 만드시기 위해 주신 하나님의 사람, 하나님의 선
물일 뿐입니다. 하나님이 그 사람을 통해 나타나야 합니다. 그
것이 분별입니다.

사랑하는 가족이 예수를 믿지 않겠다고 하면 고민에 빠지게 됩니다. 그렇다고 해도 여전히 사랑해야 하지만 어느 순간 아니다 싶으면 선을 그을 수밖에 없습니다. 자식도 마찬가지입니다. 그렇게 선을 긋기가 말처럼 쉽지 않은데 천국에 가면 지금까지의 육신의 관계는 다 사라지고 진짜 사랑의 관계만 있다고 합니다. ❧

결혼

> 4:1 내 사랑 너는 어여쁘고도 어여쁘다 너울 속에 있
> 는 네 눈이 비둘기 같고 네 머리털은 길르앗 산기
> 슭에 누운 염소 떼 같구나
> 아름다워라, 나의 사랑! 아름다워라. 너울 속 그대의
> 눈동자는 비둘기 같고 그대의 머리채는 길르앗 비탈
> 을 내려오는 염소 떼 같구나.

아내를 처음 만났을 때 정말 예쁘다고 생각했습니다. 생각해 보면 더 예쁜 사람은 정말 많습니다. 성격 좋은 사람은 더 많습니다. 그런데 그 사람만 보이고 다른 사람은 아무도 안 보였습니다. 안 보이는 것이 정상입니다. 여자 친구들이 항상

저에게 , '너는 재미는 있는데 같이 살 만큼 신뢰가 가진 않는다.'고 말했습니다. 책임감이 없어 보인다는 뜻입니다. 하지만 현명한 아내는 저를 선택했습니다. 그래서 문득문득 은혜라고 생각합니다.

성경은 처음부터 일부일처제를 이야기했습니다. 아담과 하와, 남자와 여자가 한 몸이 되는 이야기입니다. 잠언은 계속 결혼에 대해 얘기하고, 친밀감의 관계가 바로 부부 관계라고 얘기합니다. 그래서 부부의 관계를 이해해야지만 아가서를 이해할 수 있습니다.

부부관계는 신성과 인성의 신비를 경험하는, 하나 됨의 가장 중요한 메타포Metaphor가 나타나는 관계입니다. 일부다처제든 일처다부제든 다 다신론적인 개념입니다. 굳이 하나님을 믿어야 하나? 이왕 믿을 거 보험을 드는 것처럼 부처님도 믿고 하나님도 믿고 이슬람의 알라도 믿어야 하는 거 아닌가 하는 생각도 있습니다. 아니면 내가 굳이 어떤 사람한테 메여 사는 것보다 그냥 그때그때 자유연애를 하는 것처럼 필요하면 절에도 가고 교회에도 가고 편하게 살 수 있는 것 아닌가 생각할 수도 있습니다.

—

그런데 왜 연애만 하면 안 되고 결혼을 해야 할까요?

그 이유는 생명에 대한 책임이 있기 때문입니다. 아이를 낳는 책임입니다. 하나 됨이라는 것, 내가 누군가와 실제적이고 구체적으로 관계하고 교제하면 그 안에서 생명을 낳게 되어 있습니다.

하나님은 왜 사람을 만드셔서 구질구질하게 살게 하실까요? 아이를 낳아서 키우면 예쁘지만 힘듭니다. 저는 제 딸하고 아들을 보면 너무 예쁜데 가끔은 웬수 같은 녀석들을 내가 왜 낳았을까 하고 생각할 때가 있습니다. 그렇다면 하나님은 왜 구질구질하게 사람을 만드셔서 사람하고 함께 있고 싶어 하시고 교제하기를 원하실까요?

그것은 하나님 자체가 생명이기에 또 다른 생명을 낳기를 원하시기 때문입니다. 그리고 우리도 똑같이 생명이기 때문에 생명을 낳습니다. 상대를 진심으로 사랑하기 때문에 생명을 낳고 그 생명에 대해 책임지고 생명을 책임지기 위해 반드시 결혼이라는 제도를 통과해야 합니다. 연애만 하면서 애를 낳자고 결정하는 사람은 없습니다. 쾌락과 기쁨은 한 끗 차이입니다. 관계를 도구화하는 것이 쾌락이고, 관계가 목적이 되어 자녀를 낳는 것이 기쁨입니다.

일할 때는 내가 만나고 싶은 사람만 만나도 됩니다. 그런데 교회에서는 내가 원하지 않는 사람과도 관계해야 합니다. 그래서 교회에서 생활하기가 힘듭니다. 내가 왜 저런 사람과 구질구질하게 섞여 지내야 하나 생각하는데 그것이 가족입니다. 태어날 때 부모를 고르라고 했다면 지금의 부모를 고를 사람은 아마도 별로 없을 것입니다. 결혼을 해서 자녀를 낳고 관계를 하는 것 자체가 이미 나한테 사랑이라는 책임을 갖고 살게끔 만드셨다는 말입니다.

> 4:9 내 누이 내 신부야 네가 내 마음을 빼앗았구나 네 눈으로 한 번 보는 것과 네 목의 구슬 한 꿰미로 내 마음을 빼앗았구나
>
> 나의 누이, 나의 신부야! 오늘 나 그대에게 마음을 빼앗기고 말았다. 그대의 눈짓 한 번 때문에, 목에 걸린 구슬 목걸이 때문에, 나는 그대에게 마음을 빼앗기고 말았다.

관계의 기쁨을 얻기 위해서는 반드시 선택해야 합니다. 선택한다는 말은 하나를 포기한다는 말입니다. 문제는 선택하고 나서

도 나머지를 포기하지 않으려는 마음입니다. 가보지 않은 길을 더 가고 싶어 합니다. 선택했다는 것은 내가 무엇인가를 포기하고 시작한다는 말입니다. 포기한 것을 잊을 정도의 호르몬이 흘러서 이 세상에서 가장 예뻐 보이고 가장 멋있어 보이는 것이 사랑입니다. 제정신이라면 선택하지 않았을 텐데 뭔가 씌어서 선택한 사랑입니다. ⁑

사랑하기에 상대의 밝은 면만이 아니라 콩깍지가 벗겨졌을 때
보이는 어두운 면까지 함께 받아들이겠다고 약속합니다.

5막 신랑의 노래

하나 됨

사람들은 구원받았다는 말을 단순히 종교적인 개념으로만 보고 예수 믿으면 무조건 천국 간다고 생각합니다. 천국을 자기 이미지로만 생각해서 사람마다 가지고 있는 천국에 대한 관점도 다릅니다. 어떤 사람은 경제적인 풍요를, 어떤 사람은 건강을, 어떤 사람은 높은 지위를 갖게 되는 것이 천국이라고 생각합니다. 그런데 성경에서 말하는 천국은 하나 됨입니다. 완전히 다른 존재가 서로 한 몸을 이루는 신비를 경험합니다.

성경이 가지고 있는 본질 가운데 하나가 연합입니다. 연합이 지나치면 나의 생각을 다른 사람들에게 주입해서 똑같이 만드는 획일이 됩니다. 사람마다 다르면서도 연합을 이루는 것이 참된 연합입니다.

하나님, 예수님, 성령님의 본질은 하나인데 서로 다른 세 개의 인격체입니다. 삼위일체는 설명하면 할수록 이단으로 빠집니다. 인격이 다르다는 말은 동시에 서로 말할 수 있는 존재라는 의미입니다. 그런데도 본질은 하나입니다. 이것이 신비입니다.

이 신비는 창세기 2장 말씀에서부터 시작합니다. 아담과 하와가 부모를 떠나서 한 몸이 되는 이야기입니다. 성경은 부부가 유별有別하지만 한 몸을 이루는 신비가 있다고 말씀합니다.

공동체 속에도 각각의 인격이 있는데 그들이 한 몸이라는 또 다른 신비가 있습니다. 그것이 교회입니다. 우리가 하나님 앞에 구원을 받았다는 말은 구원의 종교적인 기능만이 아니라 굉장히 실제적이고 구체적인 연합을 의미합니다. 하나님이 유한하고 부족한 인간, 육신이 연약한 존재와 하나가 될 수 있다는 뜻입니다. 이것이 신비입니다.

—

마 21: 12 예수께서 성전에 들어가사 성전 안에서 매매하는
모든 사람들을 내쫓으시며 돈 바꾸는 사람들의 상

화가 나신 예수님이 돈 바꾸는 사람들의 상과 비둘기 파는 사람들의 의자를 뒤집어엎는 모습이 그려지나요?

사람들이 성경을 읽으면서 제일 이해가 안 되는 것이 하나님이 화를 내시는 부분입니다. 다 아시는 분이 열 받는다는 것이 이해가 안 됩니다. 하나님이 질투도 하고 후회도 하고 화도 내십니다. 예수님이 화가 나서 성전을 뒤집어엎으셨습니다. 도무지 이해하기 어렵습니다.

예수님은 신성과 인성을 다 가진 분입니다. 신성과 인성이 합쳐지면 인성은 흡수되어 사라져야 합니다. 신성을 가졌다는 것은 인간의 생각을 뛰어넘어 무소불위하고 그분 자체가 창조주이며, 과거 현재 미래라는 시간을 초월한 분이란 뜻입니다. 그런 분이 굳이 배가 고프고 슬프고 화가 날 이유가 없습니다.

하나님의 신성 앞에서는 인성이 너무나 연약하고 제한적인데 신성과 인성을 똑같이 가지고 계신 분이 예수님입니다. 그리고 하나님의 형상대로 창조된 우리도 그분을 닮아가는 존재입니다. 신성과 인성을 가지고 하나님과 하나 됨을 이루는 것이 천국이고 곧 구원입니다.

—

내가 누군가와 하나 되기란 쉽지 않습니다. 에베소서 말씀에
보면 상합相合하고 연락連絡하기 위해서는 뼈와 뼈가 부딪치는
경험을 해야 한다고 말씀합니다. 부부가 같이 살다 보면, 가끔
내가 왜 이 인간이랑 살아야 하는지 깊이 고뇌하게 될 때가 있
습니다. 그런데 또 어느 순간에는 말을 안 했는데도 비슷한 느
낌과 생각을 할 때가 있습니다. 어떻게 보면 부부는 비슷하니
까 만났고 비슷하니까 함께 살 수 있습니다. 내가 볼 때 어떤 사
람이 이상하다면 백발백중 그 배우자도 이상합니다.

내가 하나님과 사귄다는 것, 하나 된다는 것은 내가 하나님과
비슷하게 시작한다는 뜻입니다. 그래서 하나님이 거하시는 천
국에 가면 재미있을 것입니다. 지옥 같은 곳에서 내가 하나님
과 하나가 되어 살고 있다면 그곳이 천국이 됩니다. 사랑하는
주님이 함께 계시기 때문입니다.

—

저는 누가 선물 주는 것을 그리 좋아하는 편이 아닙니다. 그래

서 받은 선물을 다른 사람에게 그냥 주기도 합니다. 그런데 누가 저한테 자신은 목사님하고 끝까지 같이 있을 거라고 말해주면 그 사람이 저를 사랑한다고 느낍니다.

내가 지금 이 세상에서 살고 있다는 것은 하나님이 임마누엘하고 계시다는 것입니다. '임마누엘, 내가 너와 영원히 함께 있을 것이다.'라고 말씀하십니다. 하나님이 우리에게 하시는 사랑의 표현은 '너랑 함께 영원히 살 거야.'입니다.

가장 타락한 사랑은 사랑하기 때문에 헤어지는 것입니다. 저는 그 말이 꽤 멋있다고 생각한 적이 있었습니다. 하지만 성경을 읽으면 읽을수록 그 말이 얼마나 타락한 말인지 알게 됩니다. 사랑한다면 함께 있어야 합니다. 하나님이 우리를 사랑하신다는 것은 신성과 인성을 통해 하나님의 신비를 보여주고 영원히 함께 있겠다는 말씀입니다. ᠅•

약속

4:1~5 내 사랑 너는 어여쁘고도 어여쁘다 너울 속에 있는
네 눈이 비둘기 같고 네 머리털은 길르앗 산 기슭에
누운 염소 떼 같구나 네 이는 목욕장에서 나오는 털
깎인 암양 곧 새끼 없는 것은 하나도 없이 각각 쌍태
를 낳은 양 같구나 네 입술은 홍색 실 같고 네 입은
어여쁘고 너울 속의 네 뺨은 석류 한 쪽 같구나 네 목
은 무기를 두려고 건축한 다윗의 망대 곧 방패 천 개,
용사의 모든 방패가 달린 망대 같고 네 두 유방은 백
합화 가운데서 꼴을 먹는 쌍태 어린 사슴 같구나

아름다워라, 나의 사랑! 아름다워라. 너울 속 그대의
눈동자는 비둘기 같고 그대의 머리채는 길르앗 비탈

을 내려오는 염소 떼 같구나. 그대의 이는 털을 깎으려고 목욕하고 나오는 암양 떼 같이 희구나. 저마다 짝이 맞아서, 빠진 것이 하나도 없구나. 그대의 입술은 붉은 실 같고, 그대의 입은 사랑스럽구나. 너울속 그대의 볼은 반으로 쪼개 놓은 석류 같구나. 그대의 목은 무기를 두려고 만든 다윗의 망대, 천 개나 되는 용사들의 방패를 모두 걸어 놓은 망대와 같구나. 그대의 젖가슴은 나리꽃 밭에서 풀을 뜯는 한 쌍 사슴 같고, 쌍둥이 노루 같구나.

사랑에 빠진 신랑이 노래합니다.

눈에 콩깍지가 씐 장면이 아가서 4장입니다. 다 예쁩니다. 콩깍지가 벗겨지면 아무것도 아닌 이야기들입니다. 4장은 맨정신에 읽으면 안 되는 말씀입니다. 사랑의 호르몬이 흘러야 구구절절 마음에 다가옵니다.

하나님과 우리가 하나 될 때는 하나님이 나에게 특별한 마음을 주십니다. 2천 년 기독교 역사 속에서 하나님이 예수그리스도라고 고백하는 모든 사람에게 주신 하나님을 향한 믿음이 있는데, 그것은 선물입니다. 선물로 주신 믿음은 나도 모

르게 그냥 마음에 들어옵니다. 보이지 않는 어떤 존재를 하나
님이라고 하고 또 아버지라고 부릅니다. 어떤 사람은 대화도
합니다. 도대체 이해가 안 되는 얘기입니다. 물 위를 걸어 다
니고 오병이어의 기적도 일으킵니다. 그런데 그것이 믿어집
니다.

그 믿음이 특심입니다. 사람의 관계로 보면 호르몬이라고 할
수 있습니다. 나도 모르게 그 사람이 세상에서 제일 멋있게 보
입니다. 나도 모르게 그 사람이 이 세상에서 가장 성격이 좋은
천사로 보입니다. 마음이 너무 기뻐서 붕붕 날아다닐 것 같습
니다. 특심이 아니면 절대로 예뻐 보이지도 않고 절대로 기쁨
이 있을 수도 없습니다. 그러다가 6개월이나 1년쯤 지나면 제
정신이 듭니다. 그때부터 내 믿음이 시작됩니다. 믿음의 역사
는 책임지는 믿음입니다.

—

4:6 날이 저물고 그림자가 사라지기 전에 내가 몰약 산
과 유향의 작은 산으로 가리라
날이 저물고 그림자가 사라지기 전에, 나는 몰약 산
으로 가려 하네. 유향 언덕으로 가려 하네.

황금과 몰약과 유향이 동방박사들이 아기 예수께 드렸던 선물인데, 몰약과 유향에는 영원성의 의미가 있습니다. 솔로몬의 눈에는 술람미 여인이 너무 예뻐 보였습니다. 그런데 정신이 번쩍 드는 순간 그냥 재투성이 신데렐라 같은 모습으로 보였을 것입니다. 그런데도 그 사랑을 영원히 버리지 않겠다는 것입니다. 내가 가지고 있는 약속을 절대로 깨지 않겠다는 뜻입니다.

> 4:7 나의 사랑 너는 어여쁘고 아무 흠이 없구나
>
> 아름답기만 한 그대, 나의 사랑, 흠잡을 데가 하나도 없구나.

흠이 없는 것이 아니라 너무나 많습니다. 그런데 흠이 없다고 생각하기로 결정합니다. 사랑하는 사람의 밝은 면만이 아니라 콩깍지가 벗겨졌을 때 보이는 어두운 면까지도 함께 받아들이겠다고 약속합니다. 완전히 다른 남남이 만나서 사귀다 보면 계속 상대의 흠과 다른 면이 보여서 계속 끊을까 말까 고민하게 됩니다. 그런데 자녀는 그렇지 않습니다. 자녀는 끊을 수가 없으니까 예쁜 것을 보려고 결정하고 삽니다. 공동체 속에서도 그렇게 결정하는 것이 중요합니다. 안 그러면 매일 정죄하며 살 수밖에 없습니다. 그렇게 결정하지 않으면 자녀를 낳을 수가 없습니다.

관계를 통해서 공동체가 세워지면 둘만의 즐거움을 넘어 다른 연약한 자들까지 품을 수 있습니다. 세상이 교회를 욕하는 이유는 교회조차도 쾌락을 추구하기 때문입니다. 책임지지 않고 헌신하지 않고 섬기며 살고 싶어 하지 않기 때문입니다. 자기들끼리 잘 먹고 잘 놉니다. 쾌락을 추구하며 삽니다.

> 4:8 내 신부야 너는 레바논에서부터 나와 함께 하고 레바논에서부터 나와 함께 가자 아마나와 스닐과 헤르몬 꼭대기에서 사자 굴과 표범 산에서 내려오너라
>
> 레바논에서 오너라, 신부야! 레바논에서 오너라, 어서 오너라. 아마나 꼭대기에서, 스닐과 헤르몬 꼭대기에서, 사자들이 사는 굴에서, 표범들이 사는 언덕에서 내려오너라.

레바논, 아마나, 스닐, 헤르몬은 모두 약속이라는 의미가 있는 지명들입니다.

관계 안에서 가장 중요한 것이 약속입니다. 인격적인 관계라면 약속을 잘 지켜야 합니다. 약속하고 그 약속을 지켜내려고 노력하는 것이 책임지고 헌신하는 삶입니다. ⠗

매임

4:9 내 누이, 내 신부야 네가 내 마음을 빼앗았구나 네 눈으로 한 번 보는 것과 네 목의 구슬 한 꿰미로 내 마음을 빼앗았구나

나의 누이, 나의 신부야! 오늘 나 그대에게 마음을 빼앗기고 말았다. 그대의 눈짓 한 번 때문에, 목에 걸린 구슬 목걸이 때문에, 나는 그대에게 마음을 빼앗기고 말았다.

마음을 빼앗겼기 때문에 신부의 목걸이도 예쁘고 다 예뻐 보입니다.

4:10 내 누이, 내 신부야 네 사랑이 어찌 그리 아름다운
지 네 사랑은 포도주보다 진하고 네 기름의 향기는
각양 향품 보다 향기롭구나

나의 누이, 나의 신부야! 달콤한 그대의 사랑, 그대의
사랑은 포도주보다 더 나를 즐겁게 한다. 그대가 풍
기는 향내보다 더 향기로운 향기름이 어디 있느냐!

신부의 향기도 좋습니다.

4:11 내 신부야 네 입술에서는 꿀 방울이 떨어지고 네 혀
밑에는 꿀과 젖이 있고 네 의복의 향기는 레바논의
향기 같구나

나의 신부야, 그대의 입술에서는 꿀이 흘러 나오고,
그대의 혀 밑에는 꿀과 젖이 고여 있다. 그대의 옷
자락에서 풍기는 향내는 레바논의 향기와 같다.

신부의 옷에서도 향기가 납니다.

4:12 내 누이, 내 신부는 잠근 동산이요 덮은 우물이요

봉한 샘이로구나

나의 누이 나의 신부는 문 잠긴 동산, 덮어놓은 우
물, 막아 버린 샘.

특심과 믿음이 있으면 그때부터는 '밤에' 방황하지 않습니다.
자유롭지만 그 자유를 다 쓰는 것이 아니라 책임지고 헌신하
며 맡겨진 것에 스스로 매입니다. 내가 모든 사람을 만날 수
있는 '자유함'이 있습니다. 그런데도 내가 내 아내와 내 자녀,
내 가정공동체를 위해 스스로 매이겠다고 결정하는 것은 약
속을 지켜내려는 결정입니다. 동산과 우물과 샘은 다 열려 있
어서 먹을 수 있는데 잠그고 덮고 봉했습니다. 사랑을 지키려고
한 약속 때문입니다.

동산과 우물과 샘은 생명의 근원입니다. 생명의 근원을 모든
사람에게 열어놔야 하는데 닫아 놓겠다는 뜻입니다. 내가 뭐든
지 다 할 수 있는 존재지만 뭐든지 다 하지 않는 존재로 살겠다
는 의미입니다. 법으로만 얘기하면 율법주의자가 되지만 자원
하여 즉시 온전히 기쁜 마음으로 하면 스스로 매여 절제할 수
있습니다. 고수는 절제하는 사람입니다. 다 할 수 있는데도 절
제합니다.

사랑에는 반드시 절제가 필요합니다. 자유연애를 하는 관계에는 생명이 없고, 진정한 채움도 없으며, 누군가를 책임질 수 있는 헌신도 없습니다. 반면 봉하고 잠그고 덮으면 그 안에 있는 모든 것에 생명력이 있습니다.

> 4:13~14 네게서 나는 것은 석류나무와 각종 아름다운 과수와 고벨화와 나도풀과 나도와 번홍화와 창포와 계수와 각종 유향목과 몰약과 침향과 모든 귀한 향품이요 그대의 동산에서는 석류와 온갖 맛있는 과일, 고벨꽃과 나도 풀, 나도 풀과 번홍꽃, 창포와 계수나무 같은 온갖 향나무, 몰약과 침향 같은 온갖 귀한 향료가 나는구나.

동산과 우물과 샘의 생명력 때문에 과수가 있고 풀이 있고 창포와 유향목과 몰약과 침향과 모든 귀한 향품이 있습니다.

> 4:16 북풍아 일어나라 남풍아 오라 나의 동산에 불어서 향기를 날리라 나의 사랑하는 자가 그 동산에 들어

가서 그 아름다운 열매 먹기를 원하노라

북풍아, 일어라. 남풍아, 불어라. 나의 동산으로 불

어오너라. 그 향기 풍겨라. 사랑하는 나의 임이 이

동산으로 와서 맛있는 과일을 즐기게 하여라.

그 안에 열매가 있습니다. 열매 있는 삶은 내가 자녀를 낳고 다른 생명을 책임지고 살아가는 삶입니다. 부부간에 사랑의 결과가 자녀이듯이 하나님과 내가 사랑을 나누면 생명을 낳습니다.

내가 하나님을 믿는다면서도 하나님과 교제한 결과인 열매가 없다면 문제입니다. 하나님과 하나 됨을 이루면 백 퍼센트 성품이 바뀝니다. 신앙인이 듣는 가장 비참한 말 가운데 하나가 예수를 30년 믿었는데도 성품은 안 변하더라는 말입니다. 아무런 변화도 생명력도 없다는 뜻입니다. 하나님을 믿으면 하나님의 성품이 나타나야 하고 반드시 열매가 있어야 합니다. 사랑하며 살고 콩깍지 씌어서 살고 그 안에서 약속하고 살고 생명을 낳아야 합니다. ᆢ

하나님 나라에서 온 사람은 하나님 나라의 옷을 입고 살아갑니다.
결혼식을 하는 신부가 청바지를 입고 하겠다고 하면 안 됩니다.

6막 신부의 노래

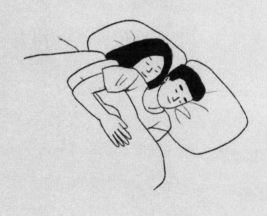

단정함

5:1 내 누이, 내 신부야 내가 내 동산에 들어와서 나의
몰약과 향 재료를 거두고 나의 꿀송이와 꿀을 먹고
내 포도주와 내 우유를 마셨으니 나의 친구들아 먹
으라 나의 사랑하는 사람들아 많이 마시라

나의 누이, 나의 신부야! 나의 동산으로 내가 찾아왔
다. 몰약과 향료를 거두고, 꿀과 꿀송이를 따먹고,
포도주와 젖도 마셨다. 먹어라, 마셔라, 친구들아!
사랑에 흠뻑 취하여라.

신랑이 노래합니다. 내 신부를 지키겠다고 마음을 정했습니
다. 신랑은 예수님일 수도 있고 하나님일 수도 있고 교회일 수

도 있는, 여러 가지를 뜻하는 상징입니다.

시 23:1 여호와는 나의 목자시니

시편 23편에서 다윗은 하나님을 목자로, 자신을 양으로 봤습니다. 다윗이 목자라면 백성은 양입니다. 우리에게는 그리스도가 목자입니다. 동시에 나도 그리스도인으로서 목자의 역할을 해야 합니다.

신랑이 하는 일은 마음을 결정하는 것입니다. 그 정함이 '절대사랑'입니다. 흔들리지 않는 사랑, 변하지 않는 사랑, 끊지 않는 사랑을 하겠다고 마음을 정합니다.

그런데 신부는 다릅니다. 신부는 연약한 자입니다. 신부는 늘 누군가의 도움이 필요한 존재입니다. 양은 귀는 밝은데 눈이 어둡고 생각도 단순하고 다리도 짧습니다. 그래서 쉽게 웅덩이에 빠질 수 있고 자기 마음대로 가다가 엉뚱한 곳으로 갈 수도 있는 존재입니다. 그런 연약한 존재인 신부가 부르는 노래가 이 노래입니다.

연약함이 절대 사랑으로 가기 위해서는 강하게 바뀌는 과정이 있어야 합니다. 이것이 신부의 단정함입니다. 단정하다는 말은 단아하다는 말로도 표현할 수 있는데 사람들이 보기에 흠이 없어 보이는 모습입니다. 그렇지 않으면 이 연약함 때문에 계속 쓰러지고 넘어지고 실망하고 절망할 수밖에 없습니다.

신랑이 하나님이고 신부가 나일 수도 있고, 동시에 내가 신랑이고 나에게 맡겨진 연약한 사람이 신부일 수도 있습니다. 연약한 자들도 나름대로 사랑을 준비해야 합니다. 신랑이 절대 사랑을 한다고 해도 신부가 약해서 매일 마음이 단정하지 못하다면 호세아의 타락한 신부인 고멜이 됩니다.

고멜은 연약해서 신랑을 믿지 못하고 매일 집을 뛰쳐나갔습니다. 남편한테 사랑받지 못하고 있다는 생각 때문에 늘 다른 사랑을 추구했습니다. 그리고 그때마다 애를 낳았습니다. 고멜의 세 아들이 다 호세아의 아들이 아니었습니다. 진짜 사랑이라고 생각해서 만났던 남자들이 알고 보니 다 쾌락만 추구했던 남자들이었습니다. 아이까지 낳았는데 아이도 자신도 책임지지 않으니까 다시 호세아에게 돌아옵니다. 하지만 호세아에게는 여전히 흔들리지 않는 사랑이 있었습니다.

—

연약한 신부도 마음을 정해야 합니다. 약함을 이기기 위해서는 단정해져야 합니다. 신랑을 맞이하는 신부에게는 단정함이 최고의 준비입니다. 열 처녀의 준비처럼, 신랑을 맞이하기 위해 준비하는 마음이 있어야 합니다. 신랑이 왔을 때 신랑을 받아들여 자신의 몸과 마음을 맡깁니다. 이 맡김이 신부에게는 단정함으로 나타납니다.

예수님이 잔칫집에 사람들을 초대했습니다. 그런데 사람들이 다들 바쁘다고 참석할 수 없다고 했습니다. 그래서 지나가는 사람들을 다 불렀습니다. 잔칫집에 사람들이 왔다는 것만으로도 기쁠 텐데, 그 이야기의 핵심은 잔칫집에 왔는데 옷을 제대로 입지 않은 사람은 내보내셨다는 말입니다. 하지만 지나가는 사람들에게는 예복이 원래부터 없었습니다. 그런데 예복을 입지 않았다고 다시 내보낼 수 있었을까요? 잔칫집에 이미 갈아입을 옷을 준비해 두었을 것입니다. 그런데도 자기의가 있어서 자신이 입고 있던 옷을 그대로 입고 있었다는 것입니다. 예식에 알맞은 옷은 따로 있습니다. 예복을 입어야 합니다. 그리스도인이라면 그리스도의 옷을 입고 살아야 합니다. 그것이 신부의 마음입니다.

옷은 신분을 나타내기도 하지만 신부의 처지에서는 신랑을 위해서 얼마나 준비했는지를 보여주는 상징이기도 합니다. 화장을 하는 데 두세 시간이 걸리는 사람도 있는데 그 시간을 신랑을 위해서 기꺼이 투자합니다. 시간^{Time}, 상황^{Occasion}, 장소^{Place} T.O.P.에 따라서 옷을 입어야 합니다. 옷을 잘못 입은 사람은 계속 튀어 보입니다. 아무리 예쁘고 화장을 잘 했어도 옷이 어울리지 않으면 초라해 보일 수밖에 없습니다. 옷이 본질은 아니겠지만 옷으로 신랑을 향한 신부의 마음을 짐작할 수는 있습니다. 그리고 옷을 입은 만큼 그리스도인으로 살아가는 모습이 드러납니다.

그리스도인으로서의 본질은 변하지 않습니다. 그런데 내가 다시 오실 신랑 또는 내 안에 계신 신랑이신 예수그리스도를 그리는 마음, 그것이 단정함입니다.

남은 사명

옛날에 서울 상암동에 난지도가 있었습니다. 기자였을 때 취재를 간 적이 있는데 정말 그곳은 쓰레기 산이었습니다. 사람들이 정말 산 밑에 다닥다닥 붙은 집에서 살고 있었습니다. 제가 아는 선배 전도사님이 10년 동안 그곳에서 목회를 했는데, 정말 난지도 사람들과 똑같이 살았습니다. 쓰레기 산 위에 올라가서 먹을 것을 구해서 먹고살았습니다. 그곳은 인생의 밑바닥입니다. 쓰레기를 뒤져서 쓸 만한 것들을 모아 고물상에 팔아가면서 최악의 삶을 살아갑니다.

2천 년 전에 예수님이 십자가에서 돌아가실 때 그리스도와 내가 함께 죽었습니다. 2천 년 전의 나의 조상 아무개도 그날 함께 죽었습니다. 2천 년 전에 그 아무개는 나의 할아버지의 할아

버지의 할아버지의 DNA에 있었습니다. 그 아무개가 그리스도와 함께 죽었기 때문에 나도 함께 죽었습니다. 나라는 존재는 모든 사람입니다. 그리스도와 함께 믿는 모든 사람이 죽었습니다. 만약에 조상 아무개가 아이도 낳지 않고 돌아가셨다면 나도 없었을 것이기 때문입니다.

내가 그리스도와 함께 죽었는데 믿음으로 부활했습니다. 조상 아무개가 돌아가셨는데 그리스도와 함께 부활했습니다. 이것이 영적인 세계에서 일어나는 일입니다. 죽었는데 다시 살아났습니다. 그렇다면 아무개는 육신으로 끝났다고 생각했는데, 다시 살아난 몸으로 2천 년 전에 있었습니다. 그래서 생명을 낳고 낳고 낳아서 나까지 왔습니다.

내가 믿기 시작한 것은 이미 조상 때부터 그 씨들을 하나님이 준비하셨기 때문입니다. 믿느냐 안 믿느냐의 차원이 아닙니다. 성경은 예정을 말씀합니다. 하나님은 나라는 믿음의 사람을 만들기 위해서 믿느냐 안 믿느냐, 잘 믿느냐 잘 안 믿느냐와 상관없이 쭉 사람들을 사용하셨습니다. 그리스도와 함께 죽고 다시 살아난 존재에 이어서 생명이 또 생기고 생겨서 내가 만들어졌습니다.

내가 그리스도와 함께 죽었으니까 하나님 나라에 이미 들어갔던 사람입니다. 그런데 믿음으로 살아내는 것을 보여주기 위해서 다시 육신으로 왔습니다. 내가 죽었는데 내가 다시 왔습니다. 내가 하나님 나라에 있다가 여전히 믿음으로 살아가야 할 남은 사명이 있어서 다시 살아났습니다. 그런 의미로 모든 믿음의 사람들은 다 하나님의 나라에서 온 사람들입니다. 우리 미래의 어떤 사람이 믿게 된다면 나도 우리의 조상처럼 쓰임 받는 존재가 됩니다.

내가 믿음의 존재입니다. 믿음의 존재라는 의미는 내가 지금 그리스도의 옷을 입고 그리스도인의 신분으로 살아간다는 의미입니다. 하나님 나라에서 온 사람은 하나님 나라의 옷을 입고 살아갑니다. 결혼식을 하는 신부가 청바지를 입고 대충 간편하게 하겠다고 하면 안 됩니다.

———

우리가 세상에 온 것은 난지도로 보내심을 받은 것입니다. 이 세상이 난지도와 같습니다. 난지도에서 사는데 부자 동네에서 나온 쓰레기를 가지고 산다고 행복해합니다. 가난한 동네 쓰레기와 부자 동네 쓰레기, 그곳에도 구역이 있어서 그 구역을 누가 차지하는지가 굉장히 중요합니다. 우리는 2천 년 전에 이미

하나님의 나라에서 살던 사람입니다. 그런데 육신이 다시 난지도로 떨어졌습니다. 그런데 난지도에 살면서 자신은 부자 동네 쓰레기 더미 구역에 있다고 좋아하고, 또 가난한 동네 쓰레기 더미 구역에 있다고 절망스러워합니다.

이 세상이 쓰레기 더미입니다. 쓰레기 더미에 살면서 쓰레기를 몸에 안 묻히려고 합니다. 발을 디딜 데가 없습니다. 닦아 봐야 또 묻으니까 닦지 않고 그냥 삽니다. 어차피 쓰레기 더미에서 사는 한 더러울 수밖에 없습니다. 그 더러운 곳에서 살면서 깨끗해지려고 매일 샤워를 하고 또 하면 피부만 나빠집니다. 그냥 적응하고 살아야 합니다. 난지도에서 너무 깨끗하게 살려고 하면 안 됩니다.

난지도에서는 쓰레기 더미에서 고기가 나오면 같이 구워 먹으면서 행복해했습니다. 못 먹겠으면 굶어야 합니다. 이 세상이 다 쓰레기통입니다. 그 쓰레기통에서 고기를 구워 먹고 있습니다.

우리가 난지도에 떨어진 이유는 남은 사명이 있기 때문입니다. 쓰레기통 안에는 자신이 누구인지 모르는 믿음의 사람 A가 있고 B가 있습니다. 그 사람에게 당신은 쓰레기통 사람이 아니라고, 하늘에서 온 사람이라고 얘기해 주기 위해서 보내심을 받았습니다.

쓰레기통을 청소하려면 다 뒤집어엎어야 합니다. 하지만 몇십 년 동안 쌓인 쓰레기는 엎을 수도 태울 수도 없습니다.

> 5:3 내가 옷을 벗었으니 어찌 다시 입겠으며 내가 발을
> 씻었으니 어찌 다시 더럽히랴마는
> 아, 나는 벌써 옷을 벗었는데, 다시 입어야 하나?
> 발도 씻었는데, 다시 흙을 묻혀야 하나?

그리스도의 옷을 입는 것은 내가 세상 안에서 살면서도 쓰레기통 사람이 아니라 하나님 나라에서 온 사람이라고 생각하는 마음입니다. 그 마음이 단정한 마음, 거룩한 마음입니다. 선배 전도사님은 거기 사는 사람들이 인생의 바닥에서 쓰레기통이나 뒤지면서 살아가는 사람들처럼 보이지만 쓰레기 같은 사람들은 아니라고 얘기하셨습니다. 그때 그 전도사님을 굉장히 존경스럽게 봤던 기억이 납니다.

신부는 그런 상황 속에서도 끝까지 자신이 고운 신부라는 것을 잊지 않고 신랑을 맞이할 준비를 해야 한다는 마음을 잃어버리지 않습니다. 신부의 노래를 부릅니다. ♩•

게으름

5:2 내가 잘지라도 마음은 깨었는데

나는 자고 있었지만, 나의 마음은 깨어 있었다.

신부가 이야기합니다. 마음은 깨어 있는데 몸이 따라주지 않는다고. 신부는 신랑을 위해서 늘 준비하는 몸과 예비하는 마음이 있어야 합니다. 그런데 지금 마음은 깨어 있어도 몸은 깨어 있지 못합니다.

5:2 나의 사랑하는 자의 소리가 들리는구나 문을 두드려 이르기를 나의 누이, 나의 사랑, 나의 비둘기, 나의 완전한 자야 문을 열어 다오 내 머리에는 이슬

이, 내 머리털에는 밤이슬이 가득하였다 하는구나
저 소리, 나의 사랑하는 이가 문을 두드리는 소리.
"문 열어요! 나의 누이, 나의 사랑, 티 없이 맑은 나의
비둘기! 머리가 온통 이슬에 젖고, 머리채가 밤이슬에
흠뻑 젖었소."

신랑이 문을 두드립니다. 신랑이 바깥일을 보고 신부에게 와서
하나 됨을 이루는 사랑을 하려고 왔는데, 그 사이에 신부가 잠
이 들었습니다.

> 5:3 내가 옷을 벗었으니 어찌 다시 입겠으며 내가 발을
> 씻었으니 어찌 다시 더럽히랴마는
> 아, 나는 벌써 옷을 벗었는데, 다시 입어야 하나?
> 발도 씻었는데, 다시 흙을 묻혀야 하나?

신랑을 맞이하기 위해 입었던 옷을 벗었다는 것은 신랑에게 관
심이 없다는 말입니다. 다시 입기를 귀찮아하고 사랑하는 데
게으른 것입니다.

> 5:4 내 사랑하는 자가 문틈으로 손을 들이밀매 내 마음이
> 움직여서
> 사랑하는 이가 문 틈으로 손을 들이밀 때에, 아, 설
> 레이는 나의 마음.

손을 보고 문을 열어줘야겠다고 생각해서 일어났습니다.

> 5:5 내 사랑하는 자를 위하여 문을 열 때 몰약이 내 손에
> 서, 몰약의 즙이 내 손가락에서 문빗장에 떨어지는
> 구나
> 사랑하는 이를 맞아들이려고 벌떡 일어나서 몰약에
> 젖은 손으로, 몰약의 즙이 뚝뚝 듣는 손가락으로 문빗
> 장을 잡았지.

**몰약에는 영원한 약속이라는 의미가 있습니다. 그 약속을 다시
생각합니다.**

> 5:6 내가 내 사랑하는 자를 위하여 문을 열었으나 그는
> 벌써 물러갔네

사랑하는 이를 맞아들이려고 문을 열었지. 그러나 나의 임은 몸을 돌려 가 버리네.

신랑이 가고 없습니다. 게으름은 때를, 시간을 못 맞추게 합니다.

5:6 내 혼이 나갔구나 내가 그를 찾아도 못 만났고 불러도 응답이 없었노라
임의 말에 넋을 잃고 그를 찾아 나섰으나, 가버린 그를 찾을 수 없네. 불러도 대답이 없네.

주님이 안 계십니다. 아마도 주님은 신부를 찾아다닐 것입니다.

5:7 성 안을 순찰하는 자들이 나를 만나매 나를 쳐서 상하게 하였고 성벽을 파수하는 자들이 나의 겉옷을 벗겨 가졌도다
성읍을 순찰하는 야경꾼들이 나를 때려서 상처를 입히고, 성벽을 지키는 파수꾼들이 나의 겉옷을 벗기네.

겉옷은 생명을 보호하는 값비싼 옷입니다. 성벽을 파수하는 자들이 신부를 때리고 그 옷을 훔쳐갔습니다. 혼자 다니다가 그런 일을 당했습니다. 게으름 때문에 옷을 빼앗기고 상처받았습니다. 신부가 받은 상처는 엄밀히 따지면 자업자득입니다. 신부 곁에 신랑이, 보호자가 없습니다.

> 5:8 예루살렘 딸들아 너희에게 내가 부탁한다 너희가
> 내 사랑하는 자를 만나거든 내가 사랑하므로 병이
> 났다고 하려무나
> 부탁하자, 예루살렘의 아가씨들아, 너희가 나의 임을
> 만나거든, 내가 사랑 때문에 병들었다고 말하여 다오.

신부가 병이 들었습니다. 고통과 고난으로 내면이 병들었습니다.

> 5:9 여자들 가운데에 어여쁜 자야 너의 사랑하는 자가
> 남의 사랑하는 자보다 나은 것이 무엇인가 너의 사
> 랑하는 자가 남의 사랑하는 자보다 나은 것이 무엇
> 이기에 이같이 우리에게 부탁하는가

여인들 가운데서도 빼어나게 예쁜 여인아, 너의 임이 다른 임보다 무엇이 더 나으냐? 너의 임이 어떤 임이기에, 네가 우리에게 그런 부탁을 하느냐?

신랑을 찾아다니는 신부를 보고 사람들이 조롱합니다. 제대로 했으면 이런 부탁을 할 이유가 없습니다. 요즘은 세상 사람들이 제발 욕심 좀 부리지 말라고 교회를 걱정합니다. 매일 싸우니까 경찰이 목사한테 착하게 사시라고 설교를 합니다. 제대로 좀 하고 살라고 합니다.

5:10~16 내 사랑하는 자는 희고도 붉어 많은 사람 가운데에 뛰어나구나 머리는 순금 같고 머리털은 고불고불하고 까마귀같이 검구나 눈은 시냇가의 비둘기 같은데 우유로 씻은 듯하고 아름답게도 박혔구나 뺨은 향기로운 꽃밭 같고 향기로운 풀언덕과도 같고 입술은 백합화 같고 몰약의 즙이 뚝뚝 떨어지는구나 손은 황옥을 물린 황금 노리개 같고 몸은 아로새긴 상아에 청옥을 입힌 듯하구나 다리는 순금 받침에 세운 화반석 기둥 같고 생김새는 레바

논 같으며 백향목처럼 보기 좋고 입은 심히 달콤
하니 그 전체가 사랑스럽구나 예루살렘 딸들아 이
는 내 사랑하는 자요 나의 친구로다

나의 임은 깨끗한 살결에 혈색 좋은 미남이다. 만
인 가운데 으뜸이다. 머리는 정금이고, 곱슬거리는
머리채는 까마귀같이 검다. 그의 두 눈은 흐르는
물 가에 앉은 비둘기. 젖으로 씻은 듯, 넘실거리는
못 가에 앉은 모습이다. 그의 두 볼은 향기 가득한
꽃밭. 향내음 풍기는 풀언덕이요, 그의 입술은 몰
약의 즙이 뚝뚝 듣는 나리꽃이다. 그의 손은 가지
런하고, 보석 박은 반지를 끼었다. 그의 허리는 청
옥 입힌 상아처럼 미끈하다. 그의 두 다리는 순금
받침대 위에 선 대리석 기둥이다. 그는 레바논처럼
늠름하고, 백향목처럼 훤칠하다. 그의 입 속은 달
콤하고, 그에게 있는 것은 모두 사랑스럽다. 예루
살렘의 아가씨들아, 이 사람이 바로 나의 임, 나의
친구이다.

신부가 신랑을 그립니다. 사랑하는 사람이 곁에 있을 때 잘해

야 합니다. 단정하게 화장을 하고 옷을 입고 주님을 내 안에 잘

모시고 살아야 합니다. ✤

지식을 계속 새김질해야 다시 의지가 생기고
사랑의 감정이 생길 수 있습니다.

7막 진리 지식

갈등

술람미 여인은 생김새가 볼품없고 태생적으로 피부가 검은 것
인지 일을 많이 해서 검은 것인지는 모르겠지만, 다른 사람들보
다 피부가 검었습니다. 아무도 돌봐주는 사람 없이 홀로 동산
을 가꾸는 일을 하던 여인이었습니다. 누구도 그 여인에게 관
심이 없었고 여자로 보지도 않았습니다.

그런데 솔로몬이 그 여인을 사랑합니다. 그 사랑은 모든 조건
을 뛰어넘은 사랑입니다. 외모와 가문과 처한 환경, 그 모든 것
을 뛰어넘어 사랑합니다. 술람미 여인도 솔로몬을 사랑합니다.
너무나 멋진 왕이 보잘것없는 자신을 사랑하기 때문에 그 사람
만을 항상 사랑하겠다고 이야기합니다. 서로의 사랑을 확인하
고 사랑하겠다는 의지가 있습니다.

6:1 여자들 가운데에서 어여쁜 자야 네 사랑하는 자가 어디로 갔는가 네 사랑하는 자가 어디로 돌아갔는가 우리가 너와 함께 찾으리라

여인들 가운데서도 빼어나게 아리따운 여인아, 너의 임이 간 곳이 어디냐? 너의 임이 간 곳이 어딘지 우리가 함께 임을 찾아 나서자.

어느 날 솔로몬이 술람미 여인의 집에 왔습니다. 그런데 술람미가 게을러져서 피곤하다고 드러누워 비몽사몽 간에 문을 열어준 줄 알았는데 나중에 보니 문을 열어주지 않았습니다. 그러고 나서 정신을 차리고 문을 열었는데 솔로몬이 사라지고 없었습니다. 사랑이 깨진 것처럼 느껴집니다. 두 사람이 분리되었습니다.

사랑이 처음에는 감정으로 오지만, 그 감정은 의지로 표현됩니다. 보기만 해도 좋고 그냥 예쁘고 늘 함께 있고 싶어서 평생 함께 살겠다고 생각하는 것이 의지입니다. 사랑에는 감정도 있고 의지도 있습니다. 이제는 내가 왜 그 여자를 사랑할 수밖에 없는지 내가 왜 그 남자를 사랑할 수밖에 없는지에 대한 지식이 생깁니다. 감정은 보아서 생기는 느낌이고, 의지는 사람이 지

닌 정함이고, 지식은 모든 것을 이해할 수 있는 설명입니다.

사랑은 보고 느끼고 마음을 정한 뒤에 이해해야 하는데, 이해를 먼저 하려고 하면 힘들어집니다. 사랑은 감정에서 의지로 그리고 지식으로 가는 과정입니다. 이것을 사랑과 사랑의 확인이라고 이야기합니다.

—

갈등이 일어나서 깨어진 관계가 다시 회복되려면 지식에서 의지로 그리고 감정으로 가야 가능합니다.

사랑이 내게 들어올 때는 감정, 의지, 지식의 순서대로 오지만 갈등이 생기고 문제가 있을 때는 지식, 의지, 감정의 순서대로 해결됩니다.

바라보기만 해도 좋아서 '비가 오나 눈이 오나 사랑하겠습니까?' 물었을 때 신랑과 신부는 '네' 하고 대답합니다. 그리고 하나님이 나에게 주신 짝이라고, 평생 함께 살아야겠다고 결정하고 이해합니다. 그렇다면, 함께 살다가 문제가 생기고 갈등이 있을 때마다 진리 지식을 생각해야 합니다. 지식을 계속 새김질해야 다시 의지가 생기고 사랑의 감정도 생길 수 있습니다.

6:2 내 사랑하는 자가 자기 동산으로 내려가 향기로운
꽃밭에 이르러서 동산 가운데에서 양 떼를 먹이며
백합화를 꺾는구나
나의 임은, 자기의 동산, 향기 가득한 꽃밭으로 내
려가서, 그 동산에서 양 떼를 치면서 나리꽃을 꺾고
있겠지.

신부가 노래합니다. 솔로몬이 예수님이라면 술람미 여인이 교
회이고 또 나입니다. 내가 어느 날 신앙을 잃어버렸습니다. 어
떻게 믿어야 할지 어떻게 살아야 할지 고민되는 순간에, 신랑이
어떤 사람인지를 다시 기억해야 합니다. 신랑이 원래 나의 목
자이고 나는 그의 양입니다.

6:3 나는 내 사랑하는 자에게 속하였고 내 사랑하는 자는
내게 속하였으며 그가 백합화 가운데서 그 양 떼를 먹
이는도다
나는 임의 것, 임은 나의 것. 임은 나리꽃 밭에서 양
을 치네.

양 떼를 먹이는 존재로 다시 그를 기억합니다. 신랑이 누구인지를 기억해야 다시 찾을 수 있습니다. 양 떼를 찾아가면 목자를 만날 수 있습니다. 하나님과의 관계를 회복하려면 하나님이 누구인지 기억해야 합니다. 그리고 사랑하는 사람과의 관계를 회복하려면 그가 누구인지, 하나님이 나에게 왜 그를 허락하셨는지 기억해야 합니다.

여인이 동네방네 신랑을 찾으러 다녔습니다. 술집으로, 공원으로, 이웃집으로 매일 엉뚱한 곳만 찾으러 다녔습니다. 원래 양 떼를 기르시던 분은 양 떼를 돌보고 계십니다. 이것이 목자의 정체성입니다. ❧

생명의 근원

6:13 돌아오고 돌아오라 술람미 여자야 돌아오고 돌아오
라 우리가 너를 보게 하라

술람미의 아가씨야, 돌아오너라, 돌아오너라. 눈부
신 너의 모습을 우리가 좀 볼 수 있게, 돌아오너라,
돌아오너라. 술람미의 아가씨야.

사랑이 들어올 때 감정에서 의지로, 지식으로 가야 하는데 또
갈등이 생기면 바로 감정으로 가는 것이 문제입니다. 지식으로
들어가서 보면 정말 은혜를 주신 것인데, 지금 서운하다고 원수
가 됩니다. 분노는 절대로 뒤를 생각하지 않고 표출하게 되는
감정입니다. 그런데 분노해 놓고서 뒤를 돌아보니까 은혜였다

는 것을 알게 되면 부끄러워서 나타나지도 못합니다. 예수 믿으라고 했더니 하나님한테 미안해서 못 온다는 사람들이 많습니다.

하나님과 분리되었을 때는 하나님의 부재 가운데서 하나님이 어떤 분인지를 정확하게 기억하고 하나님을 만날 수 있는 곳을 찾아야 합니다. 기억은 진리 지식으로부터 옵니다.

사탄은 사랑이 들어오려고 할 때 계속 지식이라는 이해를 구합니다. 하지만 이해가 안 됩니다. 그리고 문제가 일어나면 계속 감정을 앞세웁니다. 갈등이 일어났을 때 사람이 가장 먼저 느끼는 감정이 억울함이라고 합니다. 억울함을 잘 들여다보면 자기가 꽤 괜찮은 사람이라는 생각이 마음 바닥에 있습니다. 이런 감정을 나르시시즘이라고 표현합니다. 나르시시즘에 빠지면 다른 사람들에게 모든 것을 전가하고 자기 잘못이 아니라고 하면서 억울해합니다. 그런데 그 감정을 객관화시켜 보면 '손해본 것이 없는데 왜 억울하지?'라고 생각하게 됩니다.

갈등의 골이 더 깊어지면 법으로 가게 되는데 객관화된 법으로 보면 억울할 것이 없지만 감정은 풀리지 않습니다. 감정이라는 것은 객관화가 될 수 없어서 절대로 풀릴 수가 없습니다. 주관과 주관이 계속 싸우니까 갈등과 분리와 분열은 해결되지 않습니다. 그래서 진리 지식으로 들어가야 합니다. 법이라는 것은 문제가 곪아 터졌을 때 해결하는 데 필요한 도구일 뿐입니다.

—

서구사회에는 변호사제도가 굉장히 발달해 있습니다. 우리는 멱살부터 잡는데 미국에서는 사고가 나면 명함만 주고받고 나머지는 전문가에게 맡깁니다. 뒤에서는 싸울 수 있을지 모르겠지만 앞에서는 '네' 하고 끝입니다. 제가 미국에서 가벼운 교통사고가 난 적이 있는데 가해자가 인정하는 말을 해서 녹음만 해주고 가시라고 했습니다. 녹음 자료는 객관화된 것이기 때문에 절대 발뺌하지 못합니다. 그런데 눈이 없느냐, 왜 나를 쳤느냐, 어디 두고 보자 나도 칠 거다, 하고 열 받아서 가버리면 아무것도 해결되지 않습니다.

그런데 그것은 세상 지식, 법률 지식이고 우리는 진리 지식 안에 있습니다. 몇십 년 동안 내부분쟁을 겪고 있는 어느 교회를 들여다보면 감정만 난무합니다. 재미있는 것은 싸우기 시작해서 2년 정도 지나자 싸움의 상대가 바뀌어 있었다는 것입니다. 누가 적인지도 모르게 되어 버렸습니다. 매일 감정만 있고 진리 지식이 없습니다. 공의도 없고 하나님을 경외하지도 않습니다. 문제를 어떻게 풀어야 할지 하나님 앞에서 답을 찾아보자고 모두 무릎을 꿇어야 하는데 아무도 무릎 꿇지 않습니다. 그 교회가 살아남는 방법은 어느 한 사람이 십자가를 지고 죽는 것입니다. 그래야 교회다운 교회가 됩니다. 사람들이 던지는 돌을 다 맞고 자기가 잘못했다고 책임지는 사람이 있어야 합니다. 예수님이 오셔야 해결될 수 있습니다.

———

말씀, 예배, 봉사, 교육, 교제 이 다섯 가지가 하나님을 만나는 통로입니다. 내가 하나님과 분리가 됐다고 생각하면 사람들은 오히려 세상으로 갑니다. 술집 가고, 놀이터 가서 하나님이 안 계시네? 하며 찾아다닙니다. 사람 사이에 갈등이 생겨서 하나님과 분리되고 사람 관계에서도 분열이 일어났을 때 다섯 가지 통로를 거쳐야만 다시 돌이킬 수 있습니다.

근본으로 돌아오라거나 초대교회로 돌아가자는 것은 계속 근원으로 들어가야 한다는 이야기인데, 오히려 근원과 멀어지려고 합니다. 사람은 신앙생활을 하다가 시험에 들면 가장 먼저 예배를 소홀히 합니다. 다섯 가지 통로를 향해 가야겠다는 것이 결국 기억하는 일입니다. 예배도 마찬가지입니다. 예배하는 자리에 머물러 있으면 머무른 것 때문에 하나님을 다시 만날 수 있습니다.

목자는 양 떼가 있는 자리에 있습니다. 양 떼가 생명인데 생명의 자리는 어디냐면, 말씀과 예배와 교제와 교육과 봉사를 하는 자리입니다. 그 자리에 가야 생명의 근원이신 하나님을 만나는데 사람들은 생명의 갈급함을 가지고서도 다른 곳으로 갑니다. 목마른 사슴이 시내를 찾을 때 시내가 생명의 근원입니다. 내가 도대체 무엇을 원하는지 내가 도대체 무엇을 해야 하는지를 기억해야 합니다. 그것이 지식으로부터 시작하는 일입니다. 감정에 이끌리면 갈등 속에서 계속 허우적거립니다.

다시 하나 됨

6:4 내 사랑아 너는 디르사 같이 어여쁘고, 예루살렘 같
이 곱고, 깃발을 세운 군대 같이 당당하구나
나의 사랑 그대는 디르사처럼 어여쁘고, 예루살렘
처럼 곱고, 깃발을 앞세운 군대처럼 장엄하구나.

신랑이 신부를 또 기억합니다. 디르사와 예루살렘은 도시 이름
인데 디르사는 기쁨, 살렘은 평화라는 뜻입니다. 군대같이 당
당하다는 것은 기품이 있는 여자라는 뜻입니다. 얼굴에 늘 미
소가 있고 마음은 늘 평안하고 그러면서도 당당합니다.

6:5~9 네 눈이 나를 놀라게 하니 돌이켜 나를 보지 말라 네

머리털은 길르앗 산 기슭에 누운 염소 떼 같고 네 이
는 목욕하고 나오는 암양 떼 같으니 쌍태를 가졌으
며 새끼 없는 것은 하나도 없구나 너울 속의 네 뺨
은 석류 한 쪽 같구나 왕비가 육십 명이요 후궁이 팔
십 명이요 시녀가 무수하되 내 비둘기, 내 완전한 자
는 하나뿐이로구나 그는 그의 어머니의 외딸이요 그
낳은 자가 귀중하게 여기는 자로구나 여자들이 그를
보고 복된 자라 하고 왕비와 후궁들도 그를 칭찬하
는구나

그대의 눈이 나를 사로잡으니, 그대의 눈을 나에게서
돌려 다오. 그대의 머리채는 길르앗 비탈을 내려오는
염소 떼 같구나. 그대의 이는 털 깎으려고 목욕하고
나오는 암양 떼 같이 희구나. 저마다 짝이 맞아서 빠
진 것이 하나도 없구나. 너울 속 그대의 볼은 반으로
쪼개어 놓은 석류 같구나. 왕비가 예순 명이요, 후궁
이 여든 명이요, 궁녀도 수없이 많다마는, 나의 비둘
기, 온전한 나의 사랑은 오직 하나뿐, 어머니의 외동
딸, 그를 낳은 어머니가 귀엽게 기른 딸, 아가씨들이
그를 보고 복되다 하고, 왕비들과 후궁들도 그를 칭

찬하는구나.

진리 지식으로 내 사랑하는 자는 다시 '하나뿐'이라고 정했습니다.

관계 안에서는 갈등이 있을 수밖에 없습니다. 원래 둘이었는데 남자와 여자가 부모를 떠나서 하나가 됐습니다. 그런데 이것도 삐걱 저것도 삐걱, 늘 하나같기도 하고 둘 같기도 하고 둘 같다가 하나같기도 하고 헷갈립니다. 그러면서 하나 됨이 이루어지는데 처음의 하나 됨과 갈등을 겪은 후의 하나 됨이 다릅니다. 처음의 하나 됨은 언젠가 깨질 수 있는 하나 됨입니다. 하지만 나중의 하나 됨은 어떤 문제가 있어도 깨지지 않고 버틸 수 있는 하나 됨입니다. 그래서 결혼하겠다고 찾아온 예비 신랑 신부에게 싸워 봤느냐, 갈등을 겪어 봤느냐고 물어보는 목사님이 계십니다. 그분은 안 싸웠다고 하면 주례 부탁을 들어주시지 않습니다. 그렇다고 일부러 싸워야 하는 것은 아니지만 누군가와 관계할 때는 갈등이 있을 수밖에 없습니다. 그 갈등을 못 이기면 하나가 될 수 없기 때문입니다.

왕비가 육십 명이고 후궁이 팔십 명입니다. 그리고 시녀는 더 많은데 내 비둘기, 내 완전한 자는 하나뿐입니다. 무수한 갈등과 무수한 분리와 무수한 분열과 무수한 사람이 있음에도 불구하고 내가 사랑하는 사람은 한 사람뿐입니다. 하나밖에 없어서 하나밖에 없다고 하는 것과 왕비가 육십 명이고 후궁이 팔십 명이고 시녀가 수도 없이 많은데도 나한테는 너밖에 없다고 하는 것은 차원이 다릅니다. 이것이 진짜입니다.

―

6:10~13 아침 빛 같이 뚜렷하고 달같이 아름답고 해같이 맑고 깃발을 세운 군대같이 당당한 여자가 누구인가 골짜기의 푸른 초목을 보려고 포도나무가 순이 났는가 석류나무가 꽃이 피었는가 알려고 내가 호도 동산으로 내려갔을 때에 부지중에 내 마음이 나를 내 귀한 백성의 수레 가운데에 이르게 하였구나 돌아오고 돌아오라 술람미 여자야 돌아오고 돌아오라 우리가 너를 보게 하라

"이 여인이 누구인가? 새벽처럼 밝고, 보름달처럼 환하고, 해처럼 눈부시고, 깃발을 앞세운 군대처럼 장엄하구나." 골짜기에서 돋는 움들을 보려고, 포도나무 꽃이 피었는지 석류나무 꽃송이들이 망울졌는

지 살펴보려고, 나는 호도나무 숲으로 내려갔다네. 나도 모르는 사이에, 나는 어느덧 나의 마음이 시키는 대로 왕자들이 타는 병거에 올라앉아 있네. 술람미의 아가씨야, 돌아오너라, 돌아오너라. 눈부신 너의 모습을 우리가 좀 볼 수 있게, 돌아오너라, 돌아오너라. 술람미의 아가씨야.

신부에게는 '나의 신랑은 그곳에 있구나.' 하는 지식이 있고 신랑에게는 '내가 사랑하는 사람이 이 여자로구나.' 하는 지식이 있습니다. 그리고 의지는 수많은 여자 중에 그 여자밖에 없다고, 그 남자밖에 없다고 생각합니다. 그래서 감정으로는 모든 것이 아름답게 보입니다.

> 6:13 너희가 어찌하여 마하나임에서 춤추는 것을 보는 것처럼 술람미 여자를 보려느냐
>
> 그대들은 어찌하여 마하나임 춤마당에서 춤추는 술람미의 아가씨를 보려 하는가?

춤은 지식과 의지와 감정의 표현입니다. 가장 원초적인 몸의

언어가 춤입니다. 아프리카 원주민들은 늘 북을 치고 춤을 춥니다. 다시 하나 됨이 너무 기뻐서 춤을 춥니다. ❦

오 나의 사랑, 나를 기쁘게 하는 여인아,
그대는 어찌 그리도 아리땁고 고운가?

8막 충만한 기쁨

기쁨

7:10 나는 내 사랑하는 자에게 속하였도다 그가 나를 사
모하는구나
나는 임의 것, 임이 그리워하는 사람은 나.

사랑하는 자에게 속하는 것이 기쁨의 근원이고 이것이 하나 되
는 과정입니다. 속한다는 말은 복종과 순종의 관계를 말합니
다. 복종은 마음의 태도이고 순종은 행위입니다. 충만한 사랑
의 결과는 자유와 평등입니다. 그런데 왜 복종과 순종이 필요
할까요? 자유와 평등의 개념이 다르기 때문입니다. 우리가 생
각하는 자유는 금지된 영역을 넘어서는 것이고, 평등은 모두가
동등한 관계가 되는 것입니다.

하지만 성경에서 말하는 자유는 한 가지에 집중하는 것이고, 평등은 눈높이를 하는 것입니다. 자유와 평등의 개념이 이렇게 다른 이유는 조직에서의 관계와 생명의 관계가 다르기 때문이다. 조직의 개념으로 복종과 순종은 큰 자가 작은 자 위에 군림하는 것이고, 생명관게에서는 복종의 태도와 순종의 행위로 서로 하나가 되는 과정을 말하는 것입니다. 하나가 되는 이 과정을 통해 13절에서 결론과 같은 말씀을 합니다.

> 7:13상 합환채가 향기를 뿜어내고
> 자귀나무가 향기를 내뿜어요.

합환채는 하나 됨을 이루기 위한 하나의 도구를 상징하고 그것을 통해서 열매가 쌓이고 모입니다. 기쁨이 샘솟고 중첩되어 쌓이는 과정을 이야기합니다.

하나님이 죄인인 사람을 사랑하기로 결정하시고 하나 되어 살았는데 죄인이었던 신부가 게을러져서 또는 영적으로 교만해져서 하나 됨이 깨졌습니다. 그 후로 신랑이 노래하고 신부가 노래합니다. 다시 한 번 하나 되는 것을 소망했고 그 소망대로 하나가 되는 과정입니다.

첫 번째 하나 됨과 두 번째 하나 됨이 다릅니다. 두 번째는 누가 뭐라고 해도 분열되지 않고 누가 뭐라고 해도 더이상 깨지지 않는 온전하고 완전한 사랑이 쌓여갑니다. 갈등이 일어나고 문제가 있어도 그것이 더이상 분열의 원인이 되지는 않습니다. 오히려 그것을 통해 더욱 신뢰하고 하나가 됩니다. 신랑의 모습 하나하나가 신부의 모습 하나하나가 다시 보이기 시작합니다.

신데렐라2가 있습니다. 신데렐라가 왕자님을 만나서 왕자님의 사랑만 있으면 잘 살 수 있을 것 같았습니다. 그런데 결혼하고 나서도 여전히 재투성이 신데렐라처럼 일해서 왕비가 되어서도 왜 하인처럼 일하느냐고 왕자가 화를 냈습니다. 신데렐라는 예전에 살았던 자신의 삶을 왜 인정하지 못하느냐며 집을 나가 버렸습니다. 헤어진 후 생각해 보니 서로 얼마나 사랑했는지 새록새록 기억이 납니다. 그래서 다시 돌아옵니다. 이제 신랑은 신부가 하인처럼 일해도 존재 자체로 존귀하다는 것을 알게 되었습니다. 신부도 옛날처럼 일만 하는 것이 아니라 이웃 왕이 오면 신랑에게 기꺼이 시간을 내줄 수 있게 되었습니다. 즐길 수도 있고 신랑의 눈치도 보게 되었습니다. 서로 맞춰가는 과정이 시작되었습니다. 그 과정이 쌓여서 온전해집니다.

7:7~9 네 키는 종려나무 같고 네 유방은 그 열매송이 같구
나 내가 말하기를 종려나무에 올라가서 그 가지를 잡
으리라 하였나니 네 유방은 포도송이 같고 네 콧김은
사과 냄새 같고 네 입은 좋은 포도주 같을 것이니라
이 포도주는 내 사랑하는 자를 위하여 미끄럽게 흘러
내려서 자는 자의 입을 움직이게 하느니라

그대의 늘씬한 몸매는 종려나무 같고, 그대의 젖가
슴은 그 열매 송이 같구나. "이 종려나무에 올라가
가지들을 휘어잡아야지." 그대의 젖가슴은 포도송
이, 그대의 코에서 풍기는 향내는 능금 냄새, 그대의
입은 가장 맛 좋은 포도주. 잇몸과 입술을 거쳐서 부
드럽게 흘러내리는 이 포도주를 임에게 드려야지.

처음 사랑일 때는 존재 자체의 사랑이 아니라 그저 함께 있고
싶어서 사랑했습니다. 그런데 나중 사랑은 계속해서 하나 되는
과정이 쌓여감으로써 존재와 행동이 함께 활발하게 일어났습
니다. 아가서 7장에서는 다시 보게 된 사랑하는 사람의 모습을

구구절절 표현했습니다.

> 7:6 사랑아 네가 어찌 그리 아름다운지, 어찌 그리 화창
> 한지 즐겁게 하는구나
> 오 나의 사랑, 나를 기쁘게 하는 여인아, 그대는 어
> 찌 그리도 아리땁고 고운가?

하나님과 우리가 하나 되는 사랑의 기쁨을 표현했습니다. 하나
님과 내가 하나 되고 신랑과 신부가 하나 되는 그 기쁨의 충만
함이 이 고백 가운데 있습니다. ⸙

분별하는 사랑

7:1~5 귀한 자의 딸아 신을 신은 네 발이 어찌 그리 아름다운가 네 넓적다리는 둥글어서 숙련공의 손이 만든 구슬 꿰미 같구나 배꼽은 섞은 포도주를 가득히 부은 둥근 잔 같고 허리는 백합화로 두른 밀단 같구나 두 유방은 암사슴의 쌍태 새끼 같고 목은 상아 망대 같구나 눈은 헤스본 바드랍빔 문 곁에 있는 연못 같고 코는 다메섹을 향한 레바논 망대 같구나 머리는 갈멜 산 같고 드리운 머리털은 자주 빛이 있으니 왕이 그 머리카락에 매이었구나

귀한 집 딸아, 신을 신은 너의 발이 어쩌면 그리도 예쁘냐? 너의 살오른 넓적다리는 숙련공이 공들여

만든 패물 같구나. 너의 배꼽은, 섞은 술이 고여 있
는 둥근 잔 같구나. 너의 허리는 나리꽃을 두른 밀
단 같구나. 너의 젖가슴은 한 쌍 사슴 같고 쌍둥이
노루 같구나. 너의 목은 상아로 만든 탑 같고, 너의
눈은 바드랍빔 성문 옆에 있는 헤스본 연못 같고,
너의 코는 다마스쿠스 쪽을 살피는 레바논의 망대
같구나. 너의 머리는 영락없는 갈멜 산, 늘어뜨린
너의 머리채는 한 폭 붉은 공단, 삼단 같은 너의 머
리채에 임금님도 반한다.

이전에는 눈에 뭔가 씌어서 다 예뻐 보였습니다. 그런데 이제
는 콩깍지가 벗겨져서 더러운 것을 압니다. 하지만 그 사람의
존재 자체가 아름답다는 것을 알게 되었습니다. 그래서 발도
아름답고, 넓적다리도 아름답고, 배꼽도 예쁘고, 가슴도 예쁘
고 다 예쁩니다. 다시 보이기 시작합니다. 분명히 같은 모습인
데 예전에 봤던 모습과는 다르게 보입니다. 내가 하나님 안에
서 분별하는 사랑이 되었습니다. 옛날에는 누가 뭐라고 해도
들리지 않고, 너무 좋고 뭐든지 다 예뻐 보이는 분별할 수 없
는 사랑이었습니다. 그런데 어느 순간에 분별할 수 있게 되었

습니다. 그런데도 그 사랑이 정말 좋은 것이라고, 정말 필요한 사랑이었다고 고백합니다. 그래서 온갖 모습이 다 예쁘다고 말합니다.

> 7:6 사랑아 네가 어찌 그리 아름다운지, 어찌 그리 화창
> 한지 즐겁게 하는구나
> 오 나의 사랑, 나를 기쁘게 하는 여인아, 그대는 어
> 찌 그리도 아리땁고 고운가?

1절에서 '귀한 자의 딸아'라고 했는데 갑자기 6절에서는 '사랑아'라고 호칭도 바뀌었습니다. 이 아름다움과 이 화창한 즐거움은 앞엣것과는 다릅니다. 이제는 사랑하는 사람의 어두운 면까지도 보게 되었습니다. 헤어졌는데도 그 사람의 연약함조차 사랑하고 그래서 더 아름답다는 것을 알게 되었습니다.

> 7:7~9 네 키는 종려나무 같고 네 유방은 그 열매송이 같구
> 나 내가 말하기를 종려나무에 올라가서 그 가지를 잡
> 으리라 하였나니 네 유방은 포도송이 같고 네 콧김은
> 사과 냄새 같고 네 입은 좋은 포도주 같을 것이니라

> 그대의 늘씬한 몸매는 종려나무 같고, 그대의 젖가
> 슴은 그 열매 송이 같구나. "이 종려나무에 올라가
> 가지들을 휘어 잡아야지." 그대의 젖가슴은 포도 송
> 이, 그대의 코에서 풍기는 향내는 능금 냄새, 그대
> 의 입은 가장 맛 좋은 포도주.

다 예쁩니다. 분별하는 사랑은 전신갑주를 입는 것을 의미합
니다.

> 엡 6:10~11 끝으로 너희가 주 안에서와 그 힘의 능력으로 강건
> 하여지고 마귀의 간계를 능히 대적하기 위하여 하
> 나님의 전신갑주를 입으라

분별할 수 없는 사랑은 문제가 일어나면 갈등이 생기고 분열됩
니다. 그러다가 헤어집니다. 그런데 분별하는 사랑은 문제가
더이상 중요하지 않다는 것을 압니다. 어떤 것이 중요한지 알
게 된 것입니다.
이것을 발, 넓적다리, 콧김, 유방, 입에 전신갑주를 입었다고 표
현하고 있습니다.

우리의 씨름은 혈과 육을 상대하는 것이 아닙니다. 통치자, 권세들과 세상 주관자들과 악의 영들을 상대합니다. 통치자들과 권세들과 세상 주관자들은 세속의 정신을 의미합니다.

분별하는 사랑은 상대가 연약하고 게으른 존재인데도 그 존재가 너무 예뻐서 내가 그에게 속하였다고 고백하는데, 그것은 내가 더이상 혈과 육을 보지 않겠다는 뜻입니다. 혈과 육을 더이상 보지 않고 이제는 정신과 그 영들을 사로잡고 있는 것들을 상대하고 살겠다는 선언입니다.

세속의 정신과 악한 영들의 반대가 하나님의 말씀입니다. 싸우겠다는 말은 내가 하나님의 말씀을 가지고 살겠다는 뜻입니다. 혈과 육은 몸 자체입니다. 보이는 사람을 미워하고 싸우는 것은 분별하지 못하는 사랑입니다. 상대가 마음에 안 드는 부분도 있지만 분별하는 사랑으로 사랑하기로 결정했다면 가끔씩 보이는 게으름과 연약함을 그대로 인정하는 것이 아니라, 그것들이 붙잡고 있는 정신, 악한 영들과 싸워야 합니다. 그 사람이 하는 말과 생각과 싸우는 일입니다. 그것이 말싸움이고, 그래서 말을 잘해야 합니다. ᴴᴵ

전쟁 같은 사랑

> 7:10 나는 내 사랑하는 자에게 속하였도다 그가 나를
> 사모하는구나
> 나는 임의 것, 임이 그리워하는 사람은 나.

마음으로만 '속했다'는 의미보다 이 고백은 더 큰 의미가 있습니다. 이제는 몸도 삶도 하나가 되었습니다. 내가 긴가민가한 것에 대해 더이상 타협하지 않고 받아들이지 않겠다는 뜻입니다.

> 엡 6:11~13 마귀의 간계를 능히 대적하기 위하여 하나님의 전
> 신 갑주를 입으라 우리의 씨름은 혈과 육을 상대하
> 는 것이 아니요 통치자들과 권세들과 이 어둠의 세

상 주관자들과 하늘에 있는 악의 영들을 상대함이라 그러므로 하나님의 전신 갑주를 취하라 이는 악한 날에 너희가 능히 대적하고 모든 일을 행한 후에 서기 위함이라

흔들리지 않으려면 진리의 허리띠를 띠고, 의의 호심경을 붙이고, 평안의 복음이라는 신을 신고, 믿음의 방패를 가지고, 구원의 투구와 성령의 검을 가지고 살라는 의미입니다. 진리, 의, 평안, 믿음, 구원, 말씀은 모두 관계의 언어이고, 사랑의 다른 표현입니다. 그래서 사랑은 영적인 전쟁입니다. 진리를 가지고 전쟁을 합니다. 사람들은 영적인 전쟁을 능력으로 치르려고 합니다. 하지만 영적인 전쟁은 진리 지식으로 치르는 것입니다. 그리스도 안에서 '예, 아니오'만 하면 됩니다.

진리는 참입니다. 허리는 몸이 움직일 때 굉장히 중요한 신체 부위입니다. 허리의 힘은 진심에서 옵니다. 말씀의 능력이라는 은혜와 진리가 없다면 그 사람은 계속 그 안에서 힘들게 살 수밖에 없습니다.

의의 호심경이라고 할 때 호심경은 갑옷의 가슴 쪽에 호신용으로 붙이는 구리 조각입니다. 성경에서 말하는 '의'는 관계를 의

미하는데 하나님과 나의 관계가 분명해지면 내 마음이 하나님 앞에 은혜 받은 마음이 됩니다. 그래서 누가 가슴을 치더라도, 감정으로 치고 들어와도 은혜로 받는 능력이 있습니다. 이것이 진리입니다.

적진에 들어갈 때는 신이 가볍고 편해야 합니다. 무겁고 불편한 신을 신고 다니면 신랑과 신부가 '나 잡아 봐라' 할 때도 뛸 수가 없습니다. 아가서 6장 11절 '내 사랑하는 자야 우리가 함께 들로 가서 동네에 유숙하자'라는 말씀처럼 평안의 복음이라는 신을 신고 들로 놀러 가야 합니다.

공격을 당할 때 이길 수 있는 믿음이 진정한 믿음입니다.

구원의 투구, 의의 호심경, 진리의 허리띠, 평안의 복음이라는 신, 믿음의 방패, 이 모든 것이 관계의 언어이자 생명의 가치를 말하는 예수그리스도를 말합니다. 예수그리스도의 옷을 입는 것이 전신갑주로 무장하는 것입니다. 이 옷을 입지 않으면 우리는 백전백패이고 입으면 백전백승입니다.

하나님이 세상을 사랑하십니다. 그런데 세상에 있는 세속의 정신과는 싸워야 합니다. 세상의 구조는 나쁘지 않습니다. 세상은 악한데 교회만 아름다운 것이 아닙니다. 하나님은 세상을 이처럼 사랑하셨습니다. 그런데 그 세상을 이끄는 세속의 정신

은 악하니 그것과 싸워야 합니다. 세상은 혈과 육이고 세속의
정신은 혈과 육을 움직이는 시스템인데 그것과 싸워야 합니다.
그래야지만 제대로 된 사랑을 하면서 살 수 있습니다. ❦

사랑의 경험

7:12 우리가 일찍이 일어나서 포도원으로 가서 포도 움
      이 돋았는지, 꽃술이 퍼졌는지, 석류꽃이 피었는
      지 보자 거기에서 내 사랑을 네게 주리라
      이른 아침에 포도원으로 함께 가요. 포도 움이 돋았
      는지, 꽃이 피었는지, 석류꽃이 피었는지, 함께 보
      러 가요. 거기에서 나의 사랑을 임에게 드리겠어요.

일찍 일어나서 하나님과 사랑의 경험을 만들어야 합니다. 사랑
의 경험, 사랑의 연습, 사랑의 행위를 계속해 나아가야 합니다.
결혼했는데 부부가 떨어져 살면서 주말에도 만나지 않는다면
결혼할 필요가 없습니다. 결혼하고 하나가 되는 이 사랑은 연

습이 필요하고, 수많은 실패의 경험이 있어야 합니다. 무엇인가 함께할 수 있는 것들을 만들어야 합니다. 사랑의 경험은 힘들고 어려울 때 이겨낼 만한 힘이 됩니다.

하나님과도 사랑의 경험이 있어야지 주말 부부처럼 만나서는 안 됩니다. 하나님과 결혼해놓고 주말에 안 오는 사람이 있습니다. 남자와 여자가 결혼했으면 함께 공유하는 시간을 가져야 하는데, 남자가 돈이 많아서, 여자는 늘 돈을 쓰느라 서로에게 관심이 없습니다. 사람들이 하나님의 능력만 보고 있는 것과 같습니다. 매일 하나님한테 '당신의 능력을 보여주세요. 당신의 능력이 필요합니다.'라고 하는 것입니다. 목사도 돈 많은 교인만 좋아할 수 있습니다. 성도들도 매일 돈이나 능력만 보느라 하나님께는 관심이 없습니다.

남자가 매일 여자한테 사랑한다고 하는데 여자는 다른 남자를 봅니다. 우상을 섬깁니다. 남자가 가지고 있는 능력만 보는 것도 문제고 다른 남자만 보는 것도 문제입니다. 그런데 매일 자기만 보는 것도 문제입니다. 매일 거울만 보고 사는 사람은 자폐입니다. 거울만 보면서 '나는 왜 이렇게 생겼을까, 내가 이 남자 만나서 얼굴이 많이 상했네.' 하면서 매일 웁니다. 일찍 일어나서 함께 포도원에 가서 움이 돋았는지, 꽃술이 퍼졌는지, 석류꽃이 피었는지도 봐야 합니다. 함께 장소와 시간을 공유함으로써 함께하는 기억과 추억을 만들어야 합니다.

—

7:13 합환채가 향기를 뿜어내고 우리의 문 앞에는 여러 가지 귀한 열매가 새 것, 묵은 것으로 마련되었구나 내가 내 사랑하는 자 너를 위하여 쌓아 둔 것이로다
자귀나무가 향기를 내뿜어요. 문을 열고 들어오면 온갖 열매 다 있어요. 햇것도 해묵은 것도, 임이여, 내가 임께 드리려고 고이 아껴 둔 것들이라오.

하나님과 깨가 쏟아지는 사랑을 합니다. 이 사랑이 영원히 우리를 행복하게 합니다. 영원한 관계는 영원한 기억, 추억이 됩니다. 하나님은 산 자의 하나님입니다. 아브라함의 하나님, 이삭의 하나님, 야곱의 하나님은 각각 기억과 추억이 다릅니다. 살아있다는 말은 개별적인 관계로 각각의 경험이 다르다는 말입니다. 아브라함의 하나님은 말씀하시는 하나님입니다. 우르에서, 하란에서, 가나안에서 하나님은 아브라함을 불러 인도하셨습니다. 그때 말씀하신 신이 여호와입니다. 아브라함에게 하

나님은 말씀으로 약속하시는 하나님입니다. 그의 말년에 하나님에 대한 추억은 여호와이레, 준비하시는 하나님이었습니다. 이삭을 번제로 드리라고 하셨을 때, 아브라함은 자신의 종교심으로 아들을 번제로 드리는 몰렉의 제사를 드리려던 과정에서 준비하시는 하나님을 경험했습니다.

이삭의 하나님은 약속의 하나님, 축복의 하나님입니다. 이삭은 골골 팔십이었는데 인생 최후에 해야 할 축복을 두 아들에게 일찌감치 해주었습니다. 그런데 야곱이 장자 에서를 속이고 머리를 들이밀고 축복을 가로챘습니다. 만약 우리였다면 말로 하는 축복쯤이야, 하면서 다시 했을 것입니다. 하지만 이삭은 에서를 향해 축복할 수 없다고 고백합니다. 축복의 하나님, 언약의 하나님을 믿었기 때문입니다. 이삭이 살아서 만난 하나님은 한 번 약속하시면 영원히 변하지 않는 하나님이었습니다.

야곱의 하나님은 이스라엘의 하나님입니다. 하나님과 씨름해서 이긴 자로 이해할 수 있는 이름이지만 사실은 하나님의 통치 아래 있다는 의미이기도 합니다. 야곱은 자신의 무력감을 경험하고 나서야, 하나님의 통치를 경험했습니다.

하나님과 함께 살았던 사람만이 그분과의 기억과 추억이 있습니다. 우리는 그 사랑의 기억으로 오늘을 살아낼 수 있습니다. ▪

불을 통과한 사랑 안에는 보석들이 가득합니다.

9막 불같은 사랑

여호와의 불

8:6~7 너는 나를 도장같이 마음에 품고 도장같이 팔에 두라 사랑은 죽음같이 강하고 질투는 스올 같이 잔인하며 불길같이 일어나니 그 기세가 여호와의 불과 같으니라 많은 물도 이 사랑을 끄지 못하겠고 홍수라도 삼키지 못하나니 사람이 그의 온 가산을 다 주고 사랑과 바꾸려 할지라도 오히려 멸시를 받으리라

도장 새기듯, 임의 마음에 나를 새기세요. 도장 새기듯, 임의 팔에 나를 새기세요. 사랑은 죽음처럼 강한 것, 사랑의 시샘은 저승처럼 잔혹한 것, 사랑은 타오르는 불길, 아무도 못 끄는 거센 불길입니다. 바닷물도 그 사랑의 불길 끄지 못하고, 강물도 그 불길 잡

지 못합니다. 남자가 자기 집 재산을 다 바친다고 사
랑을 얻을 수 있을까요? 오히려 웃음거리만 되고 말
겠지요.

이 말씀이 아가서 전체의 주제입니다. 여호와의 불이 아가서
전체 사랑 표현의 최고치입니다.

모세가 사막에서 가시떨기나무 아래 나타나신 하나님을 만났
는데 가시떨기나무를 태운 그 불은 꺼지지 않는 하나님의 불입
니다. 그 불은 영원성을 가지고 있습니다. 영원히 꺼지지 않는
또 영원히 밝히는 사랑의 모습이 아가서 전체의 주제입니다.

불을 통과하는 사랑입니다. 풀과 짚과 나무로 만든 사랑은 불
을 통과할 수 없습니다. 금과 은과 보석으로 만든 사랑만이 그
불을 통과해서 더 견고하고 단단해질 수 있습니다. 불을 통과
한 사랑 안에는 보석들이 가득합니다. 보석비빔밥을 만들어 먹
을 정도로 보석 같은 사랑의 이야기가 가득합니다.

또한 불을 통과한 사랑은 힘이 있습니다. 불은 주위를 밝히고
거짓을 소멸시키고 서로를 따뜻하게 합니다. 이것이 세 가지
사랑의 효과입니다. 사랑은 드러나게 합니다. 사랑은 우리를
정직하게 합니다. 힘들면 힘들다고, 어려우면 어렵다고 드러내

는 것이 정직입니다. 내 모습 그대로를 드러내는 것입니다. 그것이 사랑의 속성이고 불이 어둠을 밝혀 주는 것과 같습니다.

—

벌거벗은 임금님 이야기에서는 사람들이 모두 임금님이 옷을 입었다고 믿는 척하는데 어린아이가 임금님이 옷을 입지 않은 알몸이라고 말하는 순간 모든 것이 다 명백해졌습니다.

내가 힘들다고 말했을 때 왜 힘드냐고 따지듯이 말하지 않고 공감해 주면 됩니다. 그런데 사람들은 자신의 감정을 객관화시키려다 보니 정직할 수가 없습니다. 그러고는 결국 공격적으로 표현합니다. 자기 감정표현I message으로 내가 힘들다고 말하면 누구도 뭐라고 하지 않습니다. 그런데 내가 힘들다고 얘기하지 않고 자기가 객관적으로 힘들 수밖에 없다는 것을 하소연하거나 합리화하면 듣는 사람은 객관적으로 그렇지 않은 일들이 얼마나 많은지를 얘기할 수밖에 없습니다. 하지만 객관적으로 아무리 좋은 것이어도 자기감정을 표현I message할 때는 나는 싫다, 나는 마음에 안 든다고 말할 수 있습니다.

사람들이 싸우면서 '밖에 나가서 지나가는 사람들한테 누구 말이 맞는지 물어봐, 다 내 말이 맞는다고 얘기할걸.' 하고 말하는 경우가 있습니다. 그러면 듣는 사람은 진짜 그렇다고 수긍하지 않고 '가서 진짜 물어볼까?' 하면서 반박할 수밖에 없습니다. 아무리 맞는 말이라고 해도 나는 그게 힘들다고 말하는 것이 정직한 자기 감정표현 I message 입니다. 그런데 그렇게 표현하지 못하는 이유는 자기감정이 드러나는 순간, 상황을 추스를 수 없다고 생각하기 때문입니다. 내가 힘들다고 말하는 솔직한 감정표현은 모든 사람의 공감을 불러일으키고 사람들을 무장해제시킵니다. 너무 완벽하게 하려다 보면 긴장하게 되는데, 그 긴장을 푸는 순간 모든 이들의 긴장도 풀어집니다. 빛은 그런 것입니다.

불은 거짓과 불의를 태워 소멸시킵니다. 정화해 줍니다. 거짓이 거짓이라고 말할 수 있는 사람들은 많지 않습니다. 그런데 사랑 때문에 용기가 생기고 사랑 때문에 거짓과 불의와 싸울 힘이 생깁니다.

따뜻함은 인격적으로 존중해 주는 태도입니다. 여호와의 불이 우리에게 임하면 또는 사랑이 우리에게 찾아오면 그 사랑은 우리를 변화시키고 그 변화가 결국 정직하고 용기 있게 하며 상대를 존중할 수 있게 해줍니다. ᛃ•

도장

8:6상 너는 나를 도장같이 마음에 품고 도장같이 팔에 두라

도장 새기듯, 임의 마음에 나를 새기세요. 도장 새

기듯, 임의 팔에 나를 새기세요.

도장이 중요하다는 것은 다 압니다. 도장은 그 사람을 의미하고 도장을 찍으면 지울 수도 없습니다. 신랑과 신부가 서로 사랑하다가 헤어지고 또다시 뭉쳐 영원히 함께한다는 것을 '도장같이'라고 표현했습니다. 이제는 더이상 떼려야 뗄 수 없는 관계가 되었습니다.

도장에 끈을 달아 목에 걸고 다닙니다. 이제 나는 찍힌 사람입니다. 부인할 수 없고, 도망칠 수도 없습니다. 술람미 여인은

이제 더 이상 떠날 마음도 없습니다. 모든 사람들이 이 사랑을 지켜보기를 바랍니다.

몸만 함께하는 동거 부부도 있고, 법적으로만 부부인 사람들도 있습니다. 동거하는 부부는 법적으로는 부부가 아니어도 같이 살고 있고, 합법적인 부부는 법적으로는 부부지만 함께 살고 있지 않습니다. 함께 동거하면서 법적으로도 부부가 되어야 합니다. 이제는 도장 새기듯 합법적인 부부관계가 되었습니다. 누구도 그 사랑에 대해서 왈가왈부할 수 없게 되었다는 뜻입니다.

물론 헤어졌던 경험이 있으니 헤어져도 또다시 만날 수 있겠지만 반드시 도장을 찍어야 합니다. 하나님과의 실제적인 경험은 하나님을 만나는 체험입니다. 그 체험은 합법적인 말씀을 통해 하게 됩니다. 실제적인 경험과 합법적인 말씀, 이 두 가지가 같이 있어야 합니다. 내가 개인적으로 하나님을 만난 경험을 말씀으로 확인받습니다. '네가 왜 그리스도인이냐?'고 물으면 말씀에 쓰여 있다고 말할 수 있습니다.

> 요 1:12 영접하는 자 곧 그 이름을 믿는 자들에게는 하나님의 자녀가 되는 권세를 주셨으니

합법적으로 하나님의 자녀라고 말합니다. 그리고 개인적으로 하나님을 경험하고 만나서 실제적인 사랑의 관계를 이어가는 것이 신앙생활입니다.

교회는 정말 이상한 조직입니다. 돈 내면서 혼나고, 돈 내면서 싸우고, 가족보다도 더 지지고 볶는 것 같습니다. 죽었다 깨도 못 만날 사람들이 만나서 함께 한 몸이라고 우기면서 살아갑니다. 정말 가족보다 더 자주 만나고, 더 가깝고, 더 잘 압니다. 이 신비를 살아내는 사랑의 공동체를 통해서 하나님 앞에서 생명을 낳습니다. 이것이 하나님이 우리에게 주신 '관계의 신비'입니다.

———

8:3~4 너는 왼팔로는 내 머리를 고이고 오른 손으로는 나를 안았으리라 예루살렘 딸들아 내가 너희에게 부탁한다 내 사랑하는 자가 원하기 전에는 흔들지 말며 깨우지 말지니라

임께서 왼팔로는 나의 머리를 고이시고, 오른 팔로는 나를 안아 주시네. 예루살렘의 아가씨들아, 우리가 마음껏 사랑하기까지는 제발, 흔들지도 말고 깨우지도 말아 다오.

신부가 노래합니다.

> 8:5 그의 사랑하는 자를 의지하고 거친 들에서 올라오
> 는 여자가 누구인가 너로 말미암아 네 어머니가 고
> 생한 곳 너를 낳은 자가 애쓴 그 곳 사과나무 아래
> 에서 내가 너를 깨웠노라
> 사랑하는 이에게 몸을 기대고, 벌판에서 이리로 오는
> 저 여인은 누구인가? 사과나무 아래에서 잠든 임을
> 내가 깨워 드렸지요. 임의 어머니가 거기에서 임을
> 낳았고, 임을 낳느라고 거기에서 산고를 겪으셨다오.

함께 사랑했던 공간에서 깨어 함께 잘 놀고 잘 먹고 잘 살자고
합니다. 행복하니 사랑하는 임의 모든 것이 다 좋습니다.

> 8:7 많은 물도 이 사랑을 끄지 못하겠고 홍수라도 삼키
> 지 못하나니 사람이 그의 온 가산을 다 주고 사랑과
> 바꾸려 할지라도 오히려 멸시를 받으리라
> 바닷물도 그 사랑의 불길 끄지 못하고, 강물도 그

불길 잡지 못합니다. 남자가 자기 집 재산을 다 바
친다고 사랑을 얻을 수 있을까요? 오히려 웃음거리
만 되고 말겠지요.

돈 주고도 팔지 않는 진실한 사랑입니다. 진실한 사랑은 목적
이 됩니다. 다른 것은 그 사랑을 위한 수단일 뿐입니다. 우리
가 하나님을 사랑하기 위해서 예배도 드리고 말씀 공부도 합니
다. 하지만 그 모든 것들이 하나님을 사랑하기 위한 수단일 뿐
입니다. 구약의 613가지 율법도 마찬가지입니다. 그 하나하나
가 사랑의 도구입니다. 도구도 중요하지만 그것들보다 더 중요
한 것은 사랑입니다. 613가지 도구로도 사랑을 바꿀 수 없습니
다. 수단을 목적으로 말해서는 안 됩니다. 사랑은 그 자체로 충
분합니다. ❀

평화

8:8~9 우리에게 작은 누이는 아직도 유방이 없구나 그가
청혼을 받는 날에는 우리가 그를 위하여 무엇을 할
까 그가 성벽이라면 우리는 은 망대를 그 위에 세울
것이요 그가 문이라면 우리는 백향목 판자로 두르
리라

우리 누이가 아직 어려서 가슴이 없는데, 청혼이라
도 받는 날이 되면, 누이에게 우리가 무엇을 해야
하나? 누이가 우아한 성벽이라면 우리가 은으로 망
대를 세워 주고, 누이가 아름다운 성문이라면 우리
가 송백 널빤지로 입혀 주마.

신데렐라의 언니들과 같은 술람미 여인의 오빠들이 노래합니

다. 볼품없던 작은 아이가 이제는 성인이 되어 결혼하자 오빠들이 너무 좋아서 동생을 위해서 한몫을 감당하겠다고 합니다. 술람미 여인에 대한 오빠들의 대우가 달라졌습니다.

> 8:10 나는 성벽이요 내 유방은 망대 같으니 그러므로 나는 그가 보기에 화평을 얻은 자 같구나
> 나는 성벽이요, 나의 가슴은 망대 같습니다. 그래서 그가 날 그토록 좋아합니다.

사랑이 여인을 평안하게 합니다. 평안은 아무것도 없는 상태가 아닙니다. 또 힘으로 조종된 평화, 라틴어 팍스 Pax나 법률적으로 합의된 평화, 헬라어 에이레네Eirene도 아닙니다. 이 평화는 히브리어 샬롬Shalom의 평화입니다. 샬롬의 평화는 생명력이 있고 운동력이 있어서 역동합니다. 살아 있기 때문에 고정되고 획일적이지 않습니다. 하나님 나라는 기쁘고 평화로운 나라입니다. 이 평화는 어린 양이 사자와 뛰노는, 원수들과 함께 거하는 평화입니다. 큰 자가 작은 자를 섬기는 생명이 생명다워지는 평화입니다. 물이 바다를 덮음같이 하나님의 생명력이 그 모든 것들을 덮는 평화입니다.

8:11~12 솔로몬이 바알하몬에 포도원이 있어 지키는 자들에
게 맡겨 두고 그들로 각기 그 열매로 말미암아 은
천을 바치게 하였구나 솔로몬 너는 천을 얻겠고 열
매를 지키는 자도 이백을 얻으려니와 내게 속한 내
포도원은 내 앞에 있구나
솔로몬은 바알하몬에 포도밭이 있습니다. 그는 그 포
도원을 소작인에게 주었지요. 사람마다 도조를 은 천
세겔씩 바치게 하였습니다. 나에게도 내가 받은 포도
밭이 있습니다. 솔로몬 임금님, 천 세겔은 임금님의
것이고 이백 세겔은 그 밭을 가꾼 이들의 것입니다.

모든 것이 다 가치 있는 것으로, 쓸모 있는 것으로 변했습니다. 마음이 평안하고 모든 삶이 다 가치 있는 것으로 변화되는 것이 사랑의 열매입니다. 가치는 나눌 때 의미가 있습니다. 둘만의 사랑이 이제는 다른 사람들과도 나눌 수 있는 재물이 되었습니다. 사랑은 열매를 맺었고, 그 사랑으로 서로가 재물을 얻었습니다. 시편 23편 1절의 믿음과 5절의 믿음에는 차이가 있습니다. 시편 23편 1절은 '여호와는 나의 목자시니 내게 부족함이 없으리로다'입니다. 나에게 부족함이 없는 사랑입니

다. 그런데 그 사랑이 성장하고 성숙해져서 5절의 말씀이 됩니다. '주께서 내 원수의 목전에서 내게 상을 차려 주시고 기름을 내 머리에 부으셨으니 내 잔이 넘치나이다.' 넘치는 사랑으로 다른 사람들에게 영향을 미칩니다. 사랑의 능력을 보여 줍니다. 그 능력과 영향력이 열매를 맺습니다. 사랑의 열매들로 오늘도 나는 부유한 자가 되고 그 부유함을 나눌 수 있는 자가 됩니다.

—

8:13~14 너 동산에 거주하는 자야 친구들이 네 소리에 귀를 기울이니 내가 듣게 하려무나 내 사랑하는 자야 너는 빨리 달리라 향기로운 산 위에 있는 노루와도 같고 어린 사슴과도 같아라

동산 안에서 사는 그대, 동무들이 귀를 기울이니 그대의 목소리를 들려 주오. 임이여, 노루처럼 빨리 오세요. 향내 그윽한 이 산의 어린 사슴처럼, 빨리 오세요.

'나 잡아 봐라.' 해피엔딩입니다. 싸울 때 말로는 굽히지 않는

사람이 뒤에 가서는 수긍하고 인정하기도 합니다. 우리나라 문화가 논쟁을 못 하는 문화입니다. 그래서 대개 의견이 맞지 않을 때는 싸움이나 갈등으로 번집니다. 하지만 논쟁을 해야 서로의 면면을 배워갈 수 있습니다. 갈등 자체가 나쁜 것이 아닙니다. 갈등이 오히려 관계를 더 단단하고 더 건강하게 만들 수 있습니다.

하나님은 사람을 만드실 때 각각 자기 모양대로 만드셨습니다. 그런데 우리는 상대에게 자꾸 내 기준을 들이대려고 합니다. 성경에서는 지체라면 각자 다름을 인정하라고 말씀합니다. 상대와 내가 다른 점을 악하게 쓰면 안 되지만 그 사람의 성향이고 기질이라면 인정해줘야 합니다.

갈등이 없는 세상이 아니라 갈등을 넘어서 하나가 되는 평화야말로 참된 안식입니다. ✛

아가_ 표준새번역

1장

1   솔로몬의 가장 아름다운 노래

2   ^{여자} 나에게 입맞춰 주세요, 숨막힐 듯한 임의 입술로. 임의 사랑은 포도주보다 더 달콤합니다.

3   임에게서 풍기는 향긋한 내음, 사람들은 임을 쏟아지는 향기름이라고 부릅니다. 그러기에 아가씨들이 임을 사랑합니다.

4   나를 데려가 주세요, 어서요. 임금님, 나를 데려가세요, 임의 침실로. ^{친구들} 우리는 임과 더불어 기뻐하고 즐거워하며, 포도주보다 더 진한 임의 사랑을 기리렵니다. 아가씨라면 누구나 임을 사랑할 것입니다.

5   ^{여자} 예루살렘의 아가씨들아, 내가 검어서 예쁘단다. 게달의 장막 같고 솔로몬의 휘장 같다는구나.

6   내가 검다고, 내가 햇볕에 그을렸다고, 나를 깔보지 말아라. 오빠들 성화에 못 이겨서, 나의 포도원은 버려 둔 채, 오빠들의 포도원들을 돌보느라고 이렇게 된 것이다.

7   사랑하는 그대여, 나에게 말하여 주세요. 임은 어디에서 양 떼

를 치고 있습니까? 대낮에는 어디에서 양 떼를 쉬게 합니까?

양 떼를 치는 임의 동무들을 따라다니며, 임이 있는 곳을 물으

며 헤매란 말입니까?

8   친구들 여인들 가운데서도 빼어나게 아리따운 여인아, 네가 정

말 모르겠거든, 양 떼의 발자취를 따라가거라. 양치기들이 장

막을 친 곳이 나오거든, 그 곁에서 너의 어린 염소 떼를 치며

기다려 보아라.

9   남자 나의 사랑 그대는 바로의 병거를 끄는 날랜 말과도 같소.

10   땋은 머리채가 흘러내린 임의 두 볼이 귀엽고, 구슬목걸이 감

긴 임의 목이 아름답소.

11   친구들 금사슬에 은구슬을 박은 귀고리를 우리가 너에게 만들

어 주마.

12   여자 임금님이 침대에 누우셨을 때에, 나의 나도 기름이 향기

를 내뿜었어요.

13   사랑하는 그이는 나에게 가슴에 품은 향주머니라오.

14   사랑하는 그이는 나에게 엔게디 포도원의 고벨 꽃송이라오.

15   남자 아름다워라, 나의 사랑. 아름다워라, 비둘기 같은 그 눈

동자.

16 ^{여자} 나의 사랑, 멋있어라. 나를 이렇게 황홀하게 하시는 그대!

　　 우리의 침실은 푸른 풀밭이라오.

17 ^{남자} 우리 집 들보는 백향목이요, 우리 집 서까래는 전나무

　　 라오.

2장

1 ^{여자} 나는 샤론의 수선화, 골짜기에 핀 나리꽃이라오.

2 ^{남자} 가시덤불 속에 핀 나리꽃, 아가씨들 가운데서도 나의 사

　　 랑 그대가 바로 그렇소.

3 ^{여자} 숲 속 잡목 사이에 사과나무 한 그루, 남자들 가운데서도

　　 나의 사랑 임이 바로 그렇다오. 그 그늘 아래 앉아서, 달콤한

　　 그 열매를 맛보았어요.

4 　 임은 나를 이끌고 잔칫집으로 갔어요. 임의 사랑이 내 위에 깃

　　 발처럼 펄럭이어요.

5 　 "건포도 과자를 주세요. 힘을 좀 내게요. 사과 좀 주세요. 기

　　 운 좀 차리게요. 사랑하다가, 나는 그만 병들었다오."

6 임께서 왼팔로는 나의 머리를 고이시고, 오른팔로는 나를 안
   아 주시네.

7 "예루살렘의 아가씨들아, 노루와 들사슴을 두고서 부탁한다.
   우리가 마음껏 사랑하기까지는, 흔들지도 말고 깨우지도 말
   아 다오."

8 아, 사랑하는 임의 목소리! 저기 오는구나. 산을 넘고 언덕을
   넘어서 달려오는구나.

9 사랑하는 나의 임은 노루처럼, 어린 사슴처럼 빠르구나. 벌써
   우리 집 담 밖에 서서 창 틈으로 기웃거리며, 창살 틈으로 엿
   보는구나.

10 아, 사랑하는 이가 나에게 속삭이네. ^{남자} 나의 사랑 그대, 일어
   나오. 나의 어여쁜 그대, 어서 나오오.

11 겨울은 지나고, 비도 그치고, 비구름도 걷혔소.

12 꽃 피고 새들 노래하는 계절이 이 땅에 돌아왔소. 비둘기 우는
   소리, 우리 땅에 들리오.

13 무화과나무에는 푸른 무화과가 열려 있고, 포도나무에는 활
   짝 핀 꽃이 향기를 내뿜고 있소. 일어나 나오오. 사랑하는 임
   이여! 나의 귀여운 그대, 어서 나오오.

14 바위 틈에 있는 나의 비둘기여, 낭떠러지 은밀한 곳에 숨은 나

의 비둘기여, 그대의 모습, 그 사랑스런 모습을 보여 주오. 그
대의 목소리, 그 고운 목소리를 들려 주오.

15 "여우 떼를 좀 잡아 주오. 꽃이 한창인 우리 포도원을 망가뜨
리는 새끼 여우 떼를 좀 잡아 주오."

16 여자 임은 나의 것, 나는 임의 것. 임은 나리꽃 밭에서 양을 치네.

17 날이 저물고 그림자가 사라지기 전에, 나의 임이여, 노루처럼
빨리 돌아와 주세요. 베데르 산의 날랜 사슴처럼 빨리 오세요.

3장

1 여자 나는 잠자리에서 밤새도록 사랑하는 나의 임을 찾았지만,
아무리 찾아도 그를 만나지 못하였다.

2 '일어나서 온 성읍을 돌아다니며 거리마다 광장마다 샅샅이
뒤져서 사랑하는 나의 임을 찾겠다'고 마음 먹고, 그를 찾아
나섰지만 만나지 못하였다.

3 성 안을 순찰하는 야경꾼들을 만나서 "사랑하는 나의 임을 못
보셨어요?" 하고 물으며,

4 그들 옆을 지나가다가, 드디어 사랑하는 나의 임을 만났다. 놓칠세라 그를 꼭 붙잡고, 나의 어머니의 집으로 데리고 갔다. 어머니가 나를 잉태하던 바로 그 방으로 데리고 갔다.

5 예루살렘의 아가씨들아, 노루와 들사슴을 두고서 부탁한다. 우리가 마음껏 사랑하기까지는, 흔들지도 말고 깨우지도 말아 다오.

6 거친 들을 헤치며, 연기 치솟듯 올라오는 저 사람은 누구인가? 몰약과 유향 냄새 풍기며, 장사꾼들이 가지고 있는 온갖 향수 냄새 풍기며 오는구나.

7 아, 솔로몬이 탄 가마로구나. 이스라엘 장사 가운데서도 빼어난 용사 예순 명이 그를 호위하는구나.

8 모두들 칼로 무장했구나. 전쟁에 익숙한 군인들이 야간 기습에 대비하여 저마다 허리에 칼을 찼구나.

9 솔로몬 왕은 그 가마를 레바논의 나무로 만들었구나.

10 기둥은 은으로 입히고, 닫집은 금으로 꾸미고, 자리에는 보랏빛 털을 깔았구나. 그 안은 사랑으로 가득 찼구나. 예루살렘의 아가씨들아,

11 시온의 딸들아, 나와서 보아라. 솔로몬 왕이다. 그가 결혼하는 날, 그의 마음이 한껏 즐거운 날, 어머니가 씌워 준 면류관을 쓰고 계시네.

4장

1 ^{남자} 아름다워라, 나의 사랑! 아름다워라. 너울 속 그대의 눈동
자는 비둘기 같고 그대의 머리채는 길르앗 비탈을 내려오는
염소 떼 같구나.

2 그대의 이는 털을 깎으려고 목욕하고 나오는 암양 떼 같이 희
구나. 저마다 짝이 맞아서, 빠진 것이 하나도 없구나.

3 그대의 입술은 붉은 실 같고, 그대의 입은 사랑스럽구나. 너울
속 그대의 볼은 반으로 쪼개 놓은 석류 같구나.

4 그대의 목은 무기를 두려고 만든 다윗의 망대, 천 개나 되는
용사들의 방패를 모두 걸어 놓은 망대와 같구나.

5 그대의 가슴은 나리꽃 밭에서 풀을 뜯는 한 쌍 사슴 같고 쌍둥
이 노루 같구나.

6 날이 저물고 그림자가 사라지기 전에, 나는 몰약 산으로 가려
하네. 유향 언덕으로 가려 하네.

7 아름답기만 한 그대, 나의 사랑, 흠잡을 데가 하나도 없구나.

8   레바논에서 오너라, 신부야! 레바논에서 오너라, 어서 오너
    라. 아마나 꼭대기에서, 스닐과 헤르몬 꼭대기에서, 사자들
    이 사는 굴에서, 표범들이 사는 언덕에서 내려오너라.

9   나의 누이, 나의 신부야! 오늘 나 그대에게 마음을 빼앗기고
    말았다. 그대의 눈짓 한 번 때문에, 목에 걸린 구슬 목걸이 때
    문에, 나는 그대에게 마음을 빼앗기고 말았다.

10 나의 누이, 나의 신부야! 달콤한 그대의 사랑, 그대의 사랑은
    포도주보다 더 나를 즐겁게 한다. 그대가 풍기는 향내보다 더
    향기로운 향기름이 어디 있느냐!

11 나의 신부야, 그대의 입술에서는 꿀이 흘러 나오고, 그대의 혀
    밑에는 꿀과 젖이 고여 있다. 그대의 옷자락에서 풍기는 향내
    는 레바논의 향기와 같다.

12 나의 누이 나의 신부는 문 잠긴 동산, 덮어놓은 우물, 막아 버
    린 샘.

13 그대의 동산에서는 석류와 온갖 맛있는 과일, 고벨 꽃과 나도 풀,

14 나도 풀과 번홍꽃, 창포와 계수나무 같은 온갖 향나무, 몰약과
    침향 같은 온갖 귀한 향료가 나는구나.

15 그대는 동산에 있는 샘, 생수가 솟는 우물, 레바논에 흐르는
    시냇물이다.

16 ^{여자} 북풍아, 일어라. 남풍아, 불어라. 나의 동산으로 불어오너라. 그 향기 풍겨라. 사랑하는 나의 임이 이 동산으로 와서 맛있는 과일을 즐기게 하여라.

5장

1 ^{남자} 나의 누이, 나의 신부야! 나의 동산으로 내가 찾아왔다. 몰약과 향료를 거두고, 꿀과 꿀송이를 따먹고, 포도주와 젖도 마셨다. ^{친구들} 먹어라, 마셔라, 친구들아! 사랑에 흠뻑 취하여라.

2 ^{여자} 나는 자고 있었지만, 나의 마음은 깨어 있었다. 저 소리, 나의 사랑하는 이가 문을 두드리는 소리. "문 열어요! 나의 누이, 나의 사랑, 티없이 맑은 나의 비둘기! 머리가 온통 이슬에 젖고, 머리채가 밤이슬에 흠뻑 젖었소."

3 아, 나는 벌써 옷을 벗었는데, 다시 입어야 하나? 발도 씻었는데, 다시 흙을 묻혀야 하나?

4 사랑하는 이가 문 틈으로 손을 들이밀 때에, 아, 설레이는 나

의 마음.

5 사랑하는 이를 맞아들이려고 벌떡 일어나서 몰약에 젖은 손
으로, 몰약의 즙이 뚝뚝 듣는 손가락으로 문빗장을 잡았지.

6 사랑하는 이를 맞아들이려고 문을 열었지. 그러나 나의 임은
몸을 돌려 가 버리네. 임의 말에 넋을 잃고 그를 찾아 나섰으
나, 가버린 그를 찾을 수 없네. 불러도 대답이 없네.

7 성읍을 순찰하는 야경꾼들이 나를 때려서 상처를 입히고, 성
벽을 지키는 파수꾼들이 나의 겉옷을 벗기네.

8 부탁하자, 예루살렘의 아가씨들아, 너희가 나의 임을 만나거
든, 내가 사랑 때문에 병들었다고 말하여 다오.

9 친구들 여인들 가운데서도 빼어나게 예쁜 여인아, 너의 임이 다
른 임보다 무엇이 더 나으냐? 너의 임이 어떤 임이기에, 네가
우리에게 그런 부탁을 하느냐?

10 여자 나의 임은 깨끗한 살결에 혈색 좋은 미남이다. 만인 가운
데 으뜸이다.

11 머리는 정금이고, 곱슬거리는 머리채는 까마귀같이 검다.

12 그의 두 눈은 흐르는 물 가에 앉은 비둘기. 젖으로 씻은 듯, 넘
실거리는 못 가에 앉은 모습이다.

13 그의 두 볼은 향기 가득한 꽃밭, 향내음 풍기는 풀언덕이요,

그의 입술은 몰약의 즙이 뚝뚝 듣는 나리꽃이다.

14 그의 손은 가지런하고, 보석 박은 반지를 끼었다. 그의 허리는 청옥 입힌 상아처럼 미끈하다.

15 그의 두 다리는 순금 받침대 위에 선 대리석 기둥이다. 그는 레바논처럼 늠름하고, 백향목처럼 훤칠하다.

16 그의 입 속은 달콤하고, 그에게 있는 것은 모두 사랑스럽다. 예루살렘의 아가씨들아, 이 사람이 바로 나의 임, 나의 친구 이다.

6장

1 친구들 여인들 가운데서도 빼어나게 아리따운 여인아, 너의 임 이 간 곳이 어디냐? 너의 임이 간 곳이 어딘지 우리가 함께 임 을 찾아 나서자.

2 여자 나의 임은, 자기의 동산, 향기 가득한 꽃밭으로 내려가서, 그 동산에서 양 떼를 치면서 나리꽃을 꺾고 있겠지.

3 나는 임의 것, 임은 나의 것. 임은 나리꽃 밭에서 양을 치네.

4 ^{남자} 나의 사랑 그대는 디르사처럼 어여쁘고, 예루살렘처럼 곱고, 깃발을 앞세운 군대처럼 장엄하구나.

5 그대의 눈이 나를 사로잡으니, 그대의 눈을 나에게서 돌려 다오. 그대의 머리채는 길르앗 비탈을 내려오는 염소 떼 같구나.

6 그대의 이는 털 깎으려고 목욕하고 나오는 암양 떼 같이 희구나. 저마다 짝이 맞아서 빠진 것이 하나도 없구나.

7 너울 속 그대의 볼은 반으로 쪼개어 놓은 석류 같구나.

8 왕비가 예순 명이요, 후궁이 여든 명이요, 궁녀도 수없이 많다마는,

9 나의 비둘기, 온전한 나의 사랑은 오직 하나뿐, 어머니의 외동딸, 그를 낳은 어머니가 귀엽게 기른 딸, 아가씨들이 그를 보고 복되다 하고, 왕비들과 후궁들도 그를 칭찬하는구나.

10 "이 여인이 누구인가? 새벽처럼 밝고, 보름달처럼 훤하고, 해처럼 눈부시고, 깃발을 앞세운 군대처럼 장엄하구나."

11 골짜기에서 돋는 움들을 보려고, 포도나무 꽃이 피었는지 석류나무 꽃송이들이 망울졌는지 살펴보려고, 나는 호도나무 숲으로 내려갔다네.

12 나도 모르는 사이에, 나는 어느덧 나의 마음이 시키는 대로 왕자들이 타는 병거에 올라앉아 있네.

13 ^{친구들} 술람미의 아가씨야, 돌아오너라, 돌아오너라. 눈부신 너의 모습을 우리가 좀 볼 수 있게, 돌아오너라, 돌아오너라. 술람미의 아가씨야. (남자) 그대들은 어찌하여 마하나임 춤마당에서 춤추는 술람미의 아가씨를 보려 하는가?

7장

1 ^{친구들} 귀한 집 딸아, 신을 신은 너의 발이 어쩌면 그리도 예쁘냐? 너의 다리는 숙련공이 공들여 만든 패물 같구나.

2 너의 배꼽은, 섞은 술이 고여 있는 둥근 잔 같구나. 너의 허리는 나리꽃을 두른 밀단 같구나.

3 너의 가슴은 한 쌍 사슴 같고 쌍둥이 노루 같구나.

4 너의 목은 상아로 만든 탑 같고, 너의 눈은 바드랍빔 성문 옆에 있는 헤스본 연못 같고, 너의 코는 다마스쿠스 쪽을 살피는 레바논의 망대 같구나.

5 너의 머리는 영락없는 갈멜 산, 늘어뜨린 너의 머리채는 한 폭 붉은 공단, 삼단 같은 너의 머리채에 임금님도 반한다.

6 ^{남자} 오 나의 사랑, 나를 기쁘게 하는 여인아, 그대는 어찌 그리
   도 아리땁고 고운가?

7 그대의 늘씬한 몸매는 종려나무 같고, 그대의 가슴은 그 열매
   송이 같구나.

8 "이 종려나무에 올라가 가지들을 휘어 잡아야지." 그대의 가
   슴은 포도 송이, 그대의 코에서 풍기는 향내는 능금 냄새,

9 그대의 입은 가장 맛 좋은 포도주. ^{여자} 잇몸과 입술을 거쳐서
   부드럽게 흘러내리는 이 포도주를 임에게 드려야지.

10 나는 임의 것, 임이 그리워하는 사람은 나.

11 임이여, 가요. 우리 함께 들로 나가요. 나무 숲 속에서 함께 밤
   을 보내요.

12 이른 아침에 포도원으로 함께 가요. 포도 움이 돋았는지, 꽃이
   피었는지, 석류꽃이 피었는지, 함께 보러 가요. 거기에서 나의
   사랑을 임에게 드리겠어요.

13 자귀나무가 향기를 내뿜어요. 문을 열고 들어오면 온갖 열매
   다 있어요. 햇것도 해묵은 것도, 임이여, 내가 임께 드리려고
   고이 아껴 둔 것들이라오.

8장

1 ^{여자} 아, 임께서 어머니 젖을 함께 빨던 나의 오라버니라면, 내
   가 밖에서 임을 만나 입맞추어도 아무도 나를 천하게 보지 않
   으련만,

2 우리 어머니 집으로 그대를 이끌어들이고, 내가 태어난 어머니
   의 방으로 데리고 가서, 향기로운 술, 나의 석류즙을 드리련만.

3 임께서 왼팔로는 나의 머리를 고이시고, 오른팔로는 나를 안
   아 주시네.

4 예루살렘의 아가씨들아, 우리가 마음껏 사랑하기까지는 제
   발, 흔들지도 말고 깨우지도 말아 다오.

5 ^{친구들} 사랑하는 이에게 몸을 기대고, 벌판에서 이리로 오는 저
   여인은 누구인가? ^{여자} 사과나무 아래에서 잠든 임을 내가 깨
   워 드렸지요. 임의 어머니가 거기에서 임을 낳았고, 임을 낳느
   라고 거기에서 산고를 겪으셨다오.

6 도장 새기듯, 임의 마음에 나를 새기세요. 도장 새기듯, 임의

팔에 나를 새기세요. 사랑은 죽음처럼 강한 것, 사랑의 시샘은 저승처럼 잔혹한 것, 사랑은 타오르는 불길, 아무도 못 끄는 거센 불길입니다.

7 바닷물도 그 사랑의 불길 끄지 못하고, 강물도 그 불길 잡지 못합니다. 남자가 자기 집 재산을 다 바친다고 사랑을 얻을 수 있을까요? 오히려 웃음거리만 되고 말겠지요.

8 친구들 우리 누이가 아직 어려서 가슴이 없는데, 청혼이라도 받는 날이 되면, 누이에게 우리가 무엇을 해야 하나?

9 누이가 우아한 성벽이라면 우리가 은으로 망대를 세워 주고, 누이가 아름다운 성문이라면 우리가 송백 널빤지로 입혀 주마.

10 여자 나는 성벽이요, 나의 가슴은 망대 같습니다. 그래서 그가 날 그토록 좋아합니다.

11 솔로몬은 바알하몬에 포도밭이 있습니다. 그는 그 포도원을 소작인에게 주었지요. 사람마다 도조를 은 천 세겔씩 바치게 하였습니다.

12 나에게도 내가 받은 포도밭이 있습니다. 솔로몬 임금님, 천 세겔은 임금님의 것이고 이백 세겔은 그 밭을 가꾼 이들의 것입니다.

13 ^{남자} 동산 안에서 사는 그대, 동무들이 귀를 기울이니 그대의

목소리를 들려 주오.

14 ^{여자} 임이여, 노루처럼 빨리 오세요. 향내 그윽한 이 산의 어린

사슴처럼, 빨리 오세요.

우리가 마음껏
사랑하기까지
깨우지 말아다오

인   쇄   초판 1쇄 2020년 10월 30일
발   행   초판 1쇄 2020년 11월 05일

지 은 이   정영구
펴 낸 이   정영구
펴 낸 곳   누림과 이룸
편   집   김형준, 전정숙, 박영희
등   록   제 25100 – 2017– 000010

주   소   서울시 동작구 성대로 14길 49, 102호 (상도동)
전화번호   02) 811–0914
이 메 일   zeronine86@hanmail.net
페이스북   facebook.com/nurimiroom

일러스트   이장미
디 자 인   엔터디자인
인   쇄   피앤엠123

ISBN   979–11–966136–7–9 03230